KB160987

삼국시대
천문현상 기록집

三國時代 天文現象 記錄集

삼국시대
천문현상 기록집
三國時代 天文現象 記錄集

안영숙 · 민병희 · 김상혁 지음

· 머리말 ·

우리나라는 아주 오래된 역사만큼 많은 천문현상을 기록으로 남겼다. 고대에는 '하늘의 명을 받아 나라를 다스린다'라 하여 왕권이 하늘에서 나온다고 생각하였다. '하늘을 관찰하여 시간을 알려준다'는 관상수시(觀象授時)의 말처럼, 임금의 정치에서 '해와 달과 별들의 운행을 관찰하고 사계절을 다스린다'는 생각이 널리 퍼져있었다. 당시의 제왕들은 하늘을 경외하고, 여러 천문현상을 관측하였으며, 이를 통치에 활용하기도 했다. 예를 들어 일식이 나타나면, 왕이나 왕의 가족이 상해를 당할 것이라고 해석하기도 했고, 월식은 왕의 권위에 대한 도전으로 보았으며, 햇무리나 달무리와 같은 기상현상은 땅이나 사람들에 대한 경고로 여기기도 했다

역사서에 기록된 여러 천문현상은 당시에 실제 있었던 현상을 기록해 놓았다는 점 그 자체가 중요하다. 오늘날에는 과거에 기록된 대부분의 천문현상을 과학적으로 검증해낼 수 있다. 따라서 이 기록들은 천문현상의 연속된 관측이라는 점에서 현대 천문학에서도 중요한 가치를 가진다. 우리나라 사서에 나타난 기록들을 살펴보면, 신라(BC 57~AD 935), 고구려(BC 37~AD 668), 백제(BC 18~AD 660)가 있었던 삼국시대 자료는 490여 건의 천문현상기록이 삼국사기를 비롯한 12종의 참고서적에 기록되어있다. 그러나 이 기록들은 같은 현상이 여러 서적에 서로 중복되어 기록되어진 것이 많으므로 실제 천문현상은 그 수가 훨씬 적다. 삼국시대 자료에서는 중복된 자료를 제하면 230여 건의 기록을 추출할 수 있다. 삼국시대 기록자료는 1000여 년에 이르는 긴 시간에 비해 자료의 양은 그렇게 많지는 않으나, 아주 오래된 옛날의 기록이라는 점에서 상당히 의미가 있다고 생각한다.

우리는 삼국시대의 천문현상들을 수집해, 연대순으로 정리하고, 더 나아가 그 현상들을 일식, 행성현상, 혜성 등 천문현상별로 분류하였다. 각 천문현상 기록에는 각각의 날짜, 즉 일진(日辰)이 기록되어 있어 당시의 역일(曆日)을 연구하는 데에 중요한 역할을 하고 있다. 이 자료들 중 일식이나 월식 등의 현상은 당시의 날짜를 알려주어 비교 가능한 역일표를 만드는 일에 중요한 단서가 된다. 일식의 경우, 현대 천체 역학 계산과 일치하지 않는 기록이 나타나기도 하였다. 또한 주기적으로 지구를 찾아왔던 여러 혜성의 기록들은 오늘날 관측된 혜성 관측 기록들과 연결해 장기적인 혜성 역사 연구에 많은 도움을 준다. 그리고 이 모든 것들은 현대의 천체 역학적인 계산을 통해 그 현상을 재현해냄으로써 역사적인 사실 기록에 신뢰성을 높여준다. 한편 이 책에서는 눈에 잘 보이는 중요한 천문현상인 일식과 혜성에 대해서는 우리나라와 중국의 기록을 같이 수록하여 비교하였다.

삼국시대, 고려시대, 조선시대의 천문현상기록은 십여 년 전에 한글본 DB로 만들어 한국천문연구원 홈페이지에 탑재되어 널리 활용되고 있었다. 그 당시 이 자료의 DB를 만드는 데 중요한 기폭제 역

할을 하신 분은 재야의 사학자이신 곽상식 선생님이다. 곽 선생님은 한국의 여러 기록에서 특히 천문기록의 중요성을 깨닫고 이를 따로 정리하셨다. 우리가 고대 천문기록에 관심이 있고 DB 구축 준비를 한다는 것을 들으시고, 미국으로 떠나시기 직전에 부분적으로 완성된 자료를 아마추어 천문도 제작자이신 오길순 선생님을 통해 일면식도 없는 우리에게 넘겨주셨다. 그때가 1999년경이다. 이후 우리는 여러 문헌을 통해 자료들을 수집·검증하고, 확장한 후, 증보문헌비고의 예와 같이 천문현상을 분류하였다. 그리고 2001년 초에 한글본 DB를 만들어 한국천문연구원 홈페이지에 탑재하였다. 주위의 권유로, 우리는 한글본 DB에 다시 한문본 자료를 추가하고, 역일을 재정비하여 음력과 양력의 날짜를 맞추고, 현대적 관점으로 현상을 재분류해 일차적으로 삼국시대의 천문 자료를 책으로 편찬하게 되었다. 곽상식 선생님과 오길순 선생님의 선의와 도움이 우리의 DB 구축 작업에 큰 힘을 실어 준 좋은 계기가 되었다. 그분들에게 깊이 고개 숙여 감사드린다.

이 작업을 처음 시작한 1990년대 중반에는 삼국사기의 CD판이 처음 제작되던 중이었으므로, 이를 바로 활용하지 못하고, 책을 직접 보고 일일이 찾아서 천문 자료를 정리하였다. 나중에 CD판을 구입해 활용하면서 정리 작업에 속도가 붙긴 하였지만, 자료의 확인과 역일의 검증, 현상의 재분류 때문에 예상보다 많은 노력과 시간이 걸렸다. 초창기에 그 많은 자료들을 일일이 찾고, 자료 확인을 하고, 정리하면서 도움을 주셨던 양홍진 박사, 박옥례 씨 등 여러분들에게 감사의 마음을 전한다.

앞으로 이 책이 천문학계, 역사학계와 우리의 옛것을 살피는 많은 사람들에게 유용한 자료로 이용되기를 바란다.

2014년 6월
저자 일동

· 일러두기 ·

1. 이 자료는 삼국시대(三國時代)인 기원전 57년~기원후 935년간의 천문현상을 기록한 책이다. 삼국시대에는 그 기간에 비해 천문현상 수가 많지 않다. 경우에 따라서는 삼국이 같은 현상을 기록하여 겹치는 경우도 있다.

2. 이 책의 주요 참고문헌은 삼국사기와 삼국유사, 증보문헌비고, 동국통감의 4종이다. 따라서 어떤 현상의 경우는 4권에 모두 기재되는 경우도 있으나, 그런 경우는 드물고, 대부분 삼국사기와 증보문헌비고에 자료가 중복으로 기록되어 있다.

3. 천문현상의 분류는 증보문헌비고에 따른 분류를 따르되, 비슷한 현상을 다시 묶어, 재분류하여 9종으로 분류하였다. 그리고 천문현상 외에 천문대와 천문제도와 역법도 따로 분류해 수록하였다.

4. 현상 기록에 같이 기재된 음력일에 대해서는 서기 연월일(西紀 年月日)로 환산하여 표기하였는데, 그레고리력(태양력)으로 개력한 1582년 이전이므로 율리우스력(태양력)으로 표시하였다.

5. 음력 간지의 기록이 현대 계산값과 어긋나는 경우가 있는데, 오류가 확실한 경우는 이를 각주로 표시하였다.

6. 이 책에서는 한글로 적는 것을 원칙으로 하되, 이해를 돕기 위해 원문도 병기하였다

7. 음력월에서 마지막 날을 뜻하는 '회(晦)'는 그달의 크기에 따라 29일, 30일로 표시하였다. 음력의 말일은 29일이나 30일이 될 수 있어 혼동하기 쉽다.

8. 월명(月名) 앞에 계절을 표기하는데, 원문에 기록은 안 되어 있으나 계절을 확실히 알 수 있는 경우에는 계절명을 괄호( )에 표시하였다.   예) (봄) 정월

9. 원문해석에서 한문을 병기하는 경우에는 한글 용어 뒤에 [ ]와 ( )의 두 종류 괄호를 사용하였다. [ ]는 한글용어와 원문의 발음이 일치하지 않을 때 표시하였고, ( )는 한글 용어와 원문의 발음이 일치하지만 한글만으로는 의미 전달이 어려울 때 사용하였다. 예) 혜성[星孛], 객성(客星)

10. 28수(宿) 이름은 가능한 한 원문 그대로 그 이름만 표시하였다. 예를 들어 원문에 '삼(參)'이라고 기록된 경우, 삼성(參星, 별)인지, 삼수(參宿)인지 확실하지 않으므로 '삼(參)'이라고만 적었다.

11. 원문에서 음력일과 천문현상 기록 사이에 비천문현상기록이 있으면, 그 부분을 '...'

으로 표시하여 다른 기록이 있음을 표시하였다.

12. 한 사건에 두 개의 다른 천문현상이 같이 기록되어 있는 경우에는, 제1장에서는 그대로 같이 수록하고, 제2장에서는 각각의 분류대로 나누어 수록하였다. 또한 한 사건의 기록이 두 현상의 분류로 나뉠 때에는 두 곳에 각각 수록하였다.

    예) 1장: 고구려 차대왕 8년 계사, 겨울 12월 그믐날(庚午)에 객성이 달을 범하였다.

        2장: '월성식', '혜성과 객성'의 두 곳에 모두 기록을 수록하였다.

13. 여러 천문현상 중 일식과 혜성의 기록은 중국의 기록과 비교하여 따로 수록하였다. 일식은 한국천문연구원에서 계산하였던 자료에 근거하여 그 실현 여부를 재정리하였다.

14. 이 책 뒤에는 특정 날짜의 일진을 쉽게 얻을 수 있도록 '60간지 순서표'를 수록하였고, 삼국시대의 세 왕조의 재위왕과 재위연도를 수록하여, 각 국 간의 시대적 비교가 가능하도록 하였다.

15. 이 책을 편찬하기 위해 사용한 참고문헌은 다음과 같다.

    (1) (국역)동국통감, 1995~1998, 세종대왕기념사업회, 서울.

    (2) (국역)동국여지승람.

    (3) (국역)신증 동국여지승람, 1969, 민족문화추진회, 서울.

    (4) 삼국사기, 김부식(著)·김종권(譯), 1978, 韓國名著大全集, 대양서적, 서울.

    (5) 삼국유사, 일연(著)·김원중(譯), 2005, 을유문화사, 서울.

    (6) 삼국시대 연력표, 2009, 안영숙·이용복·이용삼·한보식, 한국학술정보, 서울.

    (7) 삼국시대 일식도, 2011, 이용복·안영숙·임인성·김동빈, 한국학술정보, 서울.

    (8) 세종실록, 1968~1992, 조선왕조실록 번역본에서 발췌, 서울시스템, 서울.

    (9) (일본, 조선, 중국) 日月食宝典, 1979(昭和 54), 渡邊敏夫, 雄山閣出版, 일본.

    (10) 일본서기, 1989, 전용신(譯), 일지사, 서울.

    (11) 中國古代の天文記錄の檢証, 1989, 斉藤國治, 小沢賢二, 雄山閣, 일본.

    (12) 中國古代 天象記錄總集, 1988, 북경천문대 주관, 江苏新华인쇄소, 북경.

    (13) 증보문헌비고: 상위고, 세종대왕기념사업회, 1980, 서울.

28수

분류	별자리
동방칠수	각(角), 항(亢), 저(氐), 방(房), 심(心), 미(尾), 기(箕)
북방칠수	두(斗), 우(牛), 여(女), 허(虛), 위(危), 실(室), 벽(壁)
서방칠수	규(奎), 루(婁), 위(胃), 묘(昴), 필(畢), 자(觜), 삼(參)
북방칠수	정(井), 귀(鬼), 류(柳), 성(星), 장(張), 익(翼), 진(軫)

천문현상의 분류

현대 분류	천문현상 수				증보문헌비고에 따른 분류
	삼국사기	증보문헌비고	동국통감	삼국유사	
일식(日食)	67	66		1	일식(日食)
월식(月食)					월식(月食)
월성식(月星食, 달의 엄범掩犯)	22	21	1		월엄범오위(月掩犯五緯)
행성현상(행성의 엄범掩犯과 합취合聚)	13	14			오위엄범(五緯掩犯)
					오위합취(五緯合聚)
					오위엄범항성(五緯掩犯恒星)
낮에 보인 금성(太白晝見)	8	8	2		성주현(星晝見)
혜성과 객성	60	63	13	2	혜성류(彗星類)
유성과 운석	42	47	6	3	유성(流星)
황도광과 오로라	4	5			천변(天變)
해와 달의 특이현상	9	9	2	1	일변(日變)
					월변(月變)
					일운(日暈)
					월운(月暈)
기타 현상	5	4	1	0	성변(星變)
					운기(雲氣)
천문제도와 역법 천문대	12	1	3	1*	

*:일본서기

· 차례 ·

Ⅰ. 연대순 천문기록

연대순 천문기록

기원전 54년 신라 혁거세거서간(赫居世居西干) 4년 정묘(丁卯)
기원전 54년 4월 1일 신축 (양: 기원전 54년 5월 9일)
▶ 夏四月 辛丑朔 日有食之 (삼국사기 신라본기 1)
여름 4월 초하루 신축일에 일식이 있었다.

▶ 夏四月 辛丑朔 日食 (증보문헌비고 상위고 4)

기원전 49년 신라 혁거세거서간(赫居世居西干) 9년 임신(壬申)
기원전 49년 3월 (양: 기원전 49년 4월)
▶ 春三月 有星孛于王良 (삼국사기 신라본기 1)
봄 3월에 혜성[星孛]이 왕량[1]에 나타났다.

▶ 春三月 有星孛于王良 (증보문헌비고 상위고 6)

기원전 44년 신라 혁거세거서간(赫居世居西干) 14년 정축(丁丑)
기원전 44년 4월 (양: 기원전 44년 5월)
▶ 夏四月 有星孛于參 (삼국사기 신라본기 1)
여름 4월에 혜성[星孛]이 삼(參)[2]에 나타났다.

▶ 夏四月 有星孛于參 (증보문헌비고 상위고 6)

---

1 왕량(王良)은 서방칠수 중 1번째인 규수(奎宿)에 있는 별자리로 王良五이며, 현대의 카시오페이아자리(Cassiopeia)이며, 세다(Schedar, α Cas)와 카프(Caph, β Cas)를 포함하고 있다.
2 삼(參)은 서방칠수 중 7번째인 삼수(參宿)에 속한 별자리로 參十이며, 현대의 오리온자리(Orion)에 해당한다.

기원전 34년 신라 혁거세거서간(赫居世居西干) 24년 정해(丁亥)
기원전 34년 6월 29일 임신 (양: 기원전 34년 8월 23일)
▶ 夏六月 壬申晦 日有食之 (삼국사기 신라본기 1)
　여름 6월 그믐(29일) 임신일에 일식이 있었다.

▶ 夏六月 壬申晦 日食 (증보문헌비고 상위고 4)

기원전 28년 신라 혁거세거서간(赫居世居西干) 30년 계사(癸巳)
기원전 28년 4월 30일 기해 (양: 기원전 28년 6월 19일)
▶ 夏四月 己亥晦 日有食之 (삼국사기 신라본기 1)
　여름 4월 그믐(30일) 기해일에 일식이 있었다.

▶ 夏四月 己亥晦 日食 (증보문헌비고 상위고 4)

기원전 26년 신라 혁거세거서간(赫居世居西干) 32년 을미(乙未)
기원전 26년 8월 30일 을묘 (양: 기원전 26년 10월 23일)
▶ 秋八月 乙卯晦 日有食之 (삼국사기 신라본기 1)
　가을 8월 그믐(30일) 을묘일에 일식이 있었다.

▶ 秋八月 乙卯晦 日食 (증보문헌비고 상위고 4)

기원전 15년 신라 혁거세거서간(赫居世居西干) 43년 병오(丙午)
기원전 15년 2월 30일 을유 (양: 기원전 15년 3월 29일)
▶ 春二月 乙酉晦 日有食之 (삼국사기 신라본기 1)
　봄 2월 그믐(30일) 을유일에 일식(日食)이 있었다.

▶ 春二月 乙酉晦 日食 (증보문헌비고 상위고 4)

기원전 13년 백제 온조왕(溫祚王) 6년 무신(戊申)
기원전 13년 7월 30일 신미 (양: 기원전 13년 8월 31일)
▶ 秋七月 辛未晦 日有食之 (삼국사기 백제본기 1)
　가을 7월 그믐(30일) 신미일에 일식이 있었다.

▶ 秋七月 辛未晦 日食 (증보문헌비고 상위고 4)

기원전
7년
고구려 유리왕(琉璃王) 13년 갑인(甲寅)
기원전 7년 1월 (양: 기원전 7년 2월)
▶ 春正月 熒惑守心星 (삼국사기 고구려본기 1)
봄 정월에 화성[熒惑]이 심성(心星)[3]에 머물렀다.

▶ 春正月 熒惑守心 (증보문헌비고 상위고 5)

기원전
4년
신라 혁거세거서간(赫居世居西干) 54년 정사(丁巳)
기원전 4년 2월 27일 기유 (양: 기원전 4년 3월 24일)
▶ 春二月 己酉 星孛于河鼓 (삼국사기 신라본기 1)
봄 2월 기유일(27일)에 혜성[星孛]이 하고(河鼓)[4]에 나타났다.

▶ 春二月 己酉 星孛于河鼓 (증보문헌비고 상위고 6)

기원전
2년
신라 혁거세거서간(赫居世居西干) 56년 기미(己未)
기원전 2년 1월 1일 신축 (양: 기원전 2년 2월 5일)
▶ 春正月 辛丑朔 日有食之 (삼국사기 신라본기 1)
봄 정월 초하루 신축일에 일식이 있었다.

▶ 春正月 辛丑朔 日食 (증보문헌비고 상위고 4)

1년
신라 혁거세거서간(赫居世居西干) 58년 신유(辛酉)
1년 7월 13일 무진 (양: 1년 8월 20일)
▶ 立秋後辰日 本彼遊村 祭靈星 (삼국사기 잡지 1)
입추후 진일(辰日)에는 본피부(本彼部) 유촌(遊村/遊林)에서
영성(靈星)[5]에게 제사를 지냈다.

2년
신라 혁거세거서간(赫居世居西干) 59년 임술(壬戌)
2년 9월 30일 무신 (양: 2년 11월 23일)
▶ 秋九月 戊申晦 日有食之 (삼국사기 신라본기 1)
가을 9월 그믐(30일) 무신일에 일식이 있었다.

▶ 秋九月 戊申晦 日食 (증보문헌비고 상위고 4)

6년 신라 남해차차웅(南解次次雄) 3년 병인(丙寅)
6년 10월 1일 병진 (양: 6년 11월 10일)
▶ 冬十月 丙辰朔 日有食之 (삼국사기 신라본기 1)
겨울 10월 초하루 병진일에 일식이 있었다.

▶ 冬十月 丙辰朔 日食 (증보문헌비고 상위고 4)

14년 신라 남해차차웅(南解次次雄) 11년 갑술(甲戌)
14년 (양: 14년)
▶ 樂浪謂內虛 來攻金城甚急 夜有流星 墜於賊營 衆懼而退 (삼국사기 신라본기 1)
... 낙랑은 이쪽 내부가 비었으리라 생각하고 금성에 와서공격하여 매우 위급하였는데, 밤에 유성(流星)이 적진에 떨어지니 군중들은 모두 겁을 내어 물러가...

▶ 流星墜於賊營 (증보문헌비고 상위고 7)

16년 신라 남해차차웅(南解次次雄) 13년 병자(丙子)
16년 7월 29일 무자 (양: 16년 8월 21일)
▶ 秋七月 戊子晦 日有食之 (삼국사기 신라본기 1)
가을 7월 그믐(29일) 무자일에 일식이 있었다.

▶ 秋七月 戊子晦 日食 (증보문헌비고 상위고 4)

23년 신라 남해차차웅(南解次次雄) 20년 계미(癸未)
23년 9월 (양: 23년 10월)
▶ 秋 太白入大微 (삼국사기 신라본기 1)
가을에 금성[太白]이 태미(太微)[6]로 들어갔다.

▶ 秋 太白入太微 (증보문헌비고 상위고 5)

---

3 심(心)은 동방칠수 중 5번째인 심수(心宿)에 속한 별자리로 心三이며, 특히 심성(心星)은 심대성(心大星)으로 현대의 전갈자리 알파별, 안타레스(Antares, α Sco)에 해당한다.

4 하고(河鼓)는 북방칠수 중 2번째인 우수(牛宿)에 속한 별자리로 河鼓三이며, 현대의 독수리자리(Aquila)에 해당한다.

5 영성(靈星)에 대하여 여러가지 설이 있는데, 대개는 농사를 맡는 천전성(天田星)을 말하며, 진일(辰日)에 동남방에서 제사하여 풍년을 기원했다고 한다.

6 태미(太微)는 중관(中官)인 태미원(太微垣) 또는 그에 속한 별자리로 左太微五와 右太微五이며, 각각 현대의 처녀자리(Virgo)와 사자자리(Leo)에 해당한다.

34년 백제 다루왕(多婁王) 7년 갑오(甲午)

　　　　34년 4월 (양: 34년 5월)

　　　　▶ 夏四月 東方有赤氣 (삼국사기 백제본기 1)

　　　　　여름 4월에 동쪽에 붉은 기운(赤氣)이 있었다.

　　　　▶ 夏四月 東方有赤氣 (증보문헌비고 상위고 8)

46년 고구려 민중왕(閔中王) 3년 병오(丙午)

　　　　46년 11월 (양: 46년 12월)

　　　　▶ 冬十一月 星孛于南 二十日而滅 (삼국사기 고구려본기 2)

　　　　　겨울 11월에 혜성[星孛]이 남쪽에 나타나 20일 만에 없어졌다.

　　　　▶ 冬十一月 星孛于南 二十日而滅 (증보문헌비고 상위고 6)

54년 신라 유리이사금(儒理尼師今) 31년 갑인(甲寅)

　　　　54년 2월 (양: 54년 3월)

　　　　▶ 春二月 星孛于紫宮 (삼국사기 신라본기 1)

　　　　　봄 2월에 혜성[星孛]이 자궁(紫宮)[7]에 나타났다.

　　　　▶ 春二月 星孛于紫宮 (증보문헌비고 상위고 6)

59년 신라 탈해이사금(脫解尼師今) 3년 기미(己未)

　　　　59년 6월 (양: 59년 7월)

　　　　▶ (夏)六月 有星孛于天船 (삼국사기 신라본기 1)

　　　　　(여름) 6월 혜성[星孛]이 천선(天船)[8]에 나타났다.

　　　　▶ 夏六月 有星孛于天船 (증보문헌비고 상위고 6)

---

7 자궁(紫宮)은 자미원(紫微垣) 또는 (左)紫微八과 (右)紫微七을 포함하여 그 안에 속한 北極五, 四輔四, 九陳六, 天皇大帝, 女御宮四, 女史, 桂下史, 尚書五, 天理二, 陰德, 六甲 ∶九 등을 모두 말하며, 각각 현대의 용자리(Draco)와 작은곰자리(Ursa Minor)에 해당한다.

8 천선(天船)은 서방칠수 중 3번째인 위수(胃宿)에 속한 별자리로 天船九이며, 현대의 페르세우스자리(Perseus)에 해당한다.

73년 백제 다루왕(多婁王) 46년 계유(癸酉)

　　73년 5월 30일 무오 (양: 73년 7월 23일)

　▶ 夏五月 戊午晦 日有食之　<small>(삼국사기 백제 본기 1)</small>

　　여름 5월 그믐(30일) 무오일에 일식이 있었다.

　▶ 夏五月 戊午晦 日食　<small>(증보문헌비고 상위고 4)</small>

79년 신라 탈해이사금(脫解尼師今) 23년 기묘(己卯)

　　79년 2월 (양: 79년 4월)

　▶ 春二月 彗星見東方 又見北方 二十日乃滅　<small>(삼국사기 신라본기 1)</small>

　　봄 2월 혜성(彗星)이 동방(東方)에서 보이고 또 북방(北方)에서 보이더니
　　20일 만에야 없어졌다.

　▶ 春二月 彗星見東方 又見北方 二十日乃滅　<small>(증보문헌비고 상위고 6)</small>

85년 백제 기루왕(己婁王) 9년 을유(乙酉)

　　85년 4월 을사 (양: 85년 5월)

　▶ 夏四月 乙巳 客星入紫微　<small>(삼국사기 백제 본기 1)</small>

　　여름 4월 을사일[9]에 객성(客星)이 자미(紫微)[10]로 들어갔다.

　▶ 夏四月 乙巳 客星入紫微　<small>(증보문헌비고 상위고 6)</small>

85년 신라 파사이사금(婆娑尼師今) 6년 을유(乙酉)

　　85년 4월 (양: 85년 5월)

　▶ 夏四月 客星入紫微　<small>(삼국사기 신라본기 1)</small>

　　여름 4월에 객성(客星)이 자미(紫微)[10]로 들어갔다.

　▶ 夏四月 客星入紫微　<small>(증보문헌비고 상위고 6)</small>

---

9 4월에 을사일은 없다. 己巳일(20일)의 오기일 수 있다.

10 자미(紫微)는 자미원(紫微垣) 또는 그에 속한 紫微八과 紫微七이며, 현대의 용자리(Draco)와 작은곰자리
　(Ursa Minor)에 해당한다.

87년 백제 기루왕(己婁王) 11년 정해(丁亥)
87년 8월 30일 을미 (양: 87년 10월 15일)
▶ 秋八月 乙未晦 日有食之 (삼국사기 백제본기 1)
가을 8월 그믐(30일) 을미일에 일식이 있었다.

▶ 秋八月 乙未晦 日食 (증보문헌비고 상위고 4)

92년 백제 기루왕(己婁王) 16년 임진(壬辰)
92년 6월 1일 무술 (양: 92년 7월 23일)
▶ 夏六月 戊戌朔 日有食之 (삼국사기 백제본기 1)
여름 6월 초하루 무술일에 일식이 있었다.

▶ 夏六月 戊戌朔 日食 (증보문헌비고 상위고 4)

104년 신라 파사이사금(婆娑尼師今) 25년 갑진(甲辰)
104년 1월 (양: 104년 2월)
▶ 春正月 衆星隕如雨不至地 (삼국사기 신라본기 1)
봄 정월에 많은 별이 비오듯 떨어졌으나 땅에는 맞지 않았다.

▶ 春正月 衆星隕如雨不至地 (증보문헌비고 상위고 7)

114년 고구려 태조대왕(太祖大王) 62년 갑인(甲寅)
114년 3월 (양: 114년 4월)
▶ 春三月 日有食之 (삼국사기 고구려본기 3)
봄 3월에 일식이 있었다.[11]

▶ 春三月 日食 (증보문헌비고 상위고 4)

116년 고구려 태조대왕(太祖大王) 64년 병진(丙辰)
116년 3월 (양: 116년 4월)
▶ 春三月 日有食之 (삼국사기 고구려본기 3)
봄 3월에 일식이 있었다.[12]

▶ 春三月 日食 (증보문헌비고 상위고 4)

120년 신라 지마이사금(祗摩尼師今) 9년 경신(庚申)
120년 2월 (양: 120년 3월)
▶ 春二月 大星墜月城西 聲如雷 (삼국사기 신라본기 1)
봄 2월에 큰 별[大星]이 월성(月城) 서쪽에 떨어졌는데 그 소리가 우뢰 같았다.

▶ 春二月 大星墜月城西 聲如雷 (증보문헌비고 상위고 7)

124년 고구려 태조대왕(太祖大王) 72년 갑자(甲子)
124년 9월 30일 경신 (양: 124년 10월 25일)
▶ 秋九月 庚申晦 日有食之 (삼국사기 고구려본기 3)
가을 9월 그믐(30일) 경신일에 일식이 있었다.

▶ 秋九月 庚申晦 日食 (증보문헌비고 상위고 4)

124년 신라 지마이사금(祗摩尼師今) 13년 갑자(甲子)
124년 9월 30일 경신 (양: 124년 10월 25일)
▶ 秋九月 庚申晦 日有食之 (삼국사기 신라본기 1)
가을 9월 그믐(30일) 경신일에 일식이 있었다.

▶ 秋九月 庚申晦 日食 (증보문헌비고 상위고 4)

127년 신라 지마이사금(祗摩尼師今) 16년 정묘(丁卯)
127년 7월 1일 갑술 (양: 127년 8월 25일)
▶ 秋七月 甲戌朔 日有食之 (삼국사기 신라본기 1)
가을 7월 초하루 갑술일에 일식이 있었다.

▶ 秋七月 甲戌朔 日食 (증보문헌비고 상위고 4)

---

11 3월 초하루는 임술일(양: 4월 23일)이다.
12 3월 초하루는 경술일(양: 3월 31일)이다.

128년 신라 지마이사금(祇摩尼師今) 17년 무진(戊辰)
　　　128년 8월 (양: 128년 9월)
　　　▶ 秋八月 長星竟天 (삼국사기 신라본기 1)
　　　　가을 8월 혜성[長星]이 하늘 끝까지 뻗쳤다.

　　　▶ 秋八月 長星竟天 (증보문헌비고 상위고 6)

137년 백제 개루왕(蓋婁王) 10년 정축(丁丑)
　　　137년 8월 25일 경자 (양: 137년 9월 27일)
　　　▶ 秋八月 庚子 熒惑犯南斗 (삼국사기 백제본기 1)
　　　　가을 8월 경자일에 화성[熒惑]이 남두(南斗)[13]를 범하였다.

　　　▶ 秋八月 庚子 熒惑犯南斗 (증보문헌비고 상위고 5)

141년 신라 일성이사금(逸聖尼師今) 8년 신사(辛巳)
　　　141년 9월 30일 신해 (양: 141년 11월 16일)
　　　▶ 秋九月 辛亥晦 日有食之 (삼국사기 신라본기 1)
　　　　가을 9월 그믐(30일) 신해일에 일식이 있었다.

　　　▶ 秋九月 辛亥晦 日食 (증보문헌비고 상위고 4)

143년 신라 일성이사금(逸聖尼師今) 10년 계미(癸未)
　　　143년 6월 24일 을축 (양: 143년 7월 23일)
　　　▶ 夏六月 乙丑 熒惑犯鎭星 (삼국사기 신라본기 1)
　　　　여름 6월 을축일에 화성[熒惑]이 토성[鎭星]을 범하였다.

　　　▶ 夏六月 乙丑 熒惑犯鎭星 (증보문헌비고 상위고 4)

149년 고구려 차대왕(次大王) 4년 기축(己丑)
　　　149년 4월 30일 정묘 (양: 149년 6월 23일)
　　　▶ 夏四月 丁卯晦 日有食之 (삼국사기 고구려본기 3)
　　　　여름 4월 그믐(30일) 정묘일에 일식이 있었다.

　　　▶ 夏四月 丁卯晦 日食 (증보문헌비고 상위고 4)

149년 고구려 차대왕(次大王) 4년 기축(己丑)
149년 5월 (양: 149년 7월)
▶ (夏)五月 五星聚於東方 (삼국사기 고구려본기 3)
(여름) 5월에 오행성이 동쪽에 모였다.

▶ 夏五月 五星聚於東方 (증보문헌비고 상위고 5)

149년 신라 일성이사금(逸聖尼師今) 16년 기축(己丑)
149년 8월 (양: 149년 9월)
▶ 秋八月 有星孛于天市 (삼국사기 신라본기 1)
가을 8월 혜성[星孛]이 천시(天市)[14]에 나타났다.

▶ 秋八月 有星孛于天市 (증보문헌비고 상위고 6)

150년 고구려 차대왕(次大王) 5년 경인(庚寅)
150년 2월 (양: 150년 3월)
▶ 補二月 五星聚於東方 (증보문헌비고 상위고 5)
2월에 오행성이 동쪽에 모였다.

153년 신라 일성이사금(逸聖尼師今) 20년 계사(癸巳)
153년 10월 (양: 153년 11월)
▶ 冬十月 ... 彗星見東方 于見東北方 (삼국사기 신라본기 1)
겨울 10월 ... 혜성(彗星)이 동쪽에 나타났고, 또 동북쪽에도 나타났다.

▶ 冬十月 ... 彗星見東方 又見東北方 (동국통감 권 2 삼국기)

▶ 冬十月 彗星見東方 又見東北方 (증보문헌비고 상위고 6)

---

13 남두(南斗)는 북방칠수 중 1번째인 두수(斗宿)에 속한 별자리로 南斗六이며, 현대의 궁수자리(Sagittarius)에 해당한다.

14 천시(天市)는 천시원(天市垣) 전체 또는 天市東垣十一과 天市十一을 말하는 것 같으며, 각각 현대의 땅꾼자리(Ophiuchus)와 뱀자리(Serpens)에 해당한다.

153년 고구려 차대왕(次大王) 8년 계사(癸巳)
153년 12월 30일 경오 (양: 154년 1월 31일)
▶ 冬十二月 … 晦 客星犯月 (삼국사기 고구려본기 3)
　겨울 12월 그믐(30일)에 객성(客星)이 달을 범하였다.

▶ 冬十二月 晦 客星犯月 (증보문헌비고 상위고 6)

155년 백제 개루왕(蓋婁王) 28년 을미(乙未)
155년 1월 29일 계해 (양: 155년 3월 20일)
▶ 春正月 丙申晦 日有食之 (삼국사기 백제본기 1)
　봄 정월 그믐(29일) 병신일[15]에 일식이 있었다.

▶ 春正月 丙申晦 日食 (증보문헌비고 상위고 4)

157년 신라 아달라이사금(阿達羅尼師今) 4년 정유(丁酉)
157년 (양: 157년)
▶ 是時 新羅日月無光 (삼국유사 권1 기이 제1 연오랑 세오녀)
　이때에 신라에서는 해와 달이 광채(光彩)가 없었다.[16]

158년 고구려 차대왕(次大王) 13년 무술(戊戌)
158년 2월 (양: 158년 3월)
▶ 春二月 星孛于北斗 (삼국사기 고구려본기 3)
　봄 2월에 혜성[星孛]이 북두(北斗)[17]에 나타났다.

▶ 春二月 星孛于北斗 (증보문헌비고 상위고 6)

158년 고구려 차대왕(次大王) 13년 무술(戊戌)
158년 5월 29일 갑술 (양: 158년 7월 13일)
▶ 夏五月 甲戌晦 日有食之 (삼국사기 고구려본기 3)
　여름 5월 그믐(29일) 갑술일에 일식이 있었다.

▶ 夏五月 甲戌晦 日食 (증보문헌비고 상위고 4)

165년 고구려 차대왕(次大王) 20년 을사(乙巳)
165년 1월 30일 병신 (양: 165년 2월 28일)
▶ 春正月 晦 日有食之 (삼국사기 고구려본기 3)
봄 정월 그믐(30일)에 일식이 있었다.

▶ 春正月 晦 日食 (증보문헌비고 상위고 4)

166년 신라 아달라이사금(阿達羅尼師今) 13년 을사(乙巳)
166년 1월 1일 신묘 (양: 166년 2월 18일)
▶ 春正月 辛亥朔 日有食之 (삼국사기 신라본기 2)
봄 정월 초하루 신해일[18]에 일식이 있었다.

▶ 春正月 辛亥朔 日食 (증보문헌비고 상위고 4)

170년 백제 초고왕(肖古王) 5년 경술(庚戌)
170년 3월 30일 병인 (양: 170년 5월 3일)
▶ 春三月 丙寅晦 日有食之 (삼국사기 백제본기 1)
봄 3월 그믐(30일) 병인일에 일식이 있었다.

▶ 春三月 丙寅晦 日食 (증보문헌비고 상위고 4)

178년 고구려 신대왕(新大王) 14년 무오(戊午)
178년 10월 30일 병자 (양: 178년 11월 27일)
▶ 冬十月 丙子晦 日有食之 (삼국사기 고구려본기 4)
겨울 10월 그믐(30일) 병자일에 일식이 있었다.

▶ 冬十月 丙子晦 日食 (증보문헌비고 상위고 4)

---

15 계루왕 28년(155년) 정월 그믐(29일)은 계해일이고, 계루왕 38년(165년) 정월 그믐(30일)은 병신일(양: 2월 28일)이다. 155년에는 일식이 없었고, 156년에는 일식이 있었다. 계루왕 28년을 계루왕 38년의 오기라고 보면, 이 기사는 고구려 차대왕 20년의 일식기록과 일치한다.

16 157년 (양) 7월 24일에 금환일식이 있었다. 이 일식은 신라나 백제에서 부분일식으로 보였으나 식분(0.1 남짓)이 크지 않은 것으로 계산된다.

17 북두(北斗)는 자미원(紫微垣)에 속한 별자리로 北斗六이며, 현대의 큰곰자리(Ursa Major)에 해당한다.

18 정월 21일이 신해일이고, 초하루(1일)는 신묘(辛卯)일이다.

182년   고구려 고국천왕(故國川王) 4년 임술(壬戌)
        182년 3월 갑인 (양: 182년 4월)
        ▶ 春三月 甲寅 夜赤氣貫於太微 如蛇 (삼국사기 고구려본기 4)
           봄 3월 갑인일[19] 밤에 붉은 기운(赤氣)이 태미(太微)[20]를 관통하였는데
           마치 뱀과 같았다.

        ▶ 春三月 甲寅 夜赤氣貫於太微 如蛇 (증보문헌비고 상위고 8)

182년   고구려 고국천왕(故國川王) 4년 임술(壬戌)
        182년 7월 (양: 182년 8월)
        ▶ 秋七月 星孛于大微 (삼국사기 고구려본기 4)
           가을 7월 혜성[星孛]이 태미(太微)[20]에 나타났다.

        ▶ 秋七月 星孛于太微 (증보문헌비고 상위고 6)

186년   고구려 고국천왕(故國川王) 8년 병인(丙寅)
        186년 4월 22일 을묘 (양: 186년 5월 28일)
        ▶ 夏四月 乙卯 熒惑守心 (삼국사기 고구려본기 4)
           여름 4월 을묘일에 화성[熒惑]이 심(心)[21]에 머물렀다.

        ▶ 夏四月 乙卯 熒惑守心 (증보문헌비고 상위고 5)

186년   신라 벌휴이사금(伐休尼師今) 3년 병인(丙寅)
        186년 5월 30일 임진 (양: 186년 7월 4일)
        ▶ 夏五月 壬申晦 日有食之 (삼국사기 신라본기 2)
           여름 5월 그믐(30일) 임신일[22]에 일식이 있었다.

        ▶ 夏五月 壬申晦 日食 (증보문헌비고 상위고 4)

186년   고구려 고국천왕(故國川王) 8년 병인(丙寅)
        186년 5월 30일 임진 (양: 186년 7월 4일)
        ▶ (夏)五月 壬辰晦 日有食之 (삼국사기 고구려본기 4)
           (여름) 5월 그믐(30일) 임진일에 일식이 있었다.

        ▶ 夏五月 壬辰晦 日食 (증보문헌비고 상위고 4)

186년 백제 초고왕(肖古王) 21년 병인(丙寅)
186년 10월 (양: 186년 11월)
▶ 冬十月 ... 星孛于西北 二十日而滅 (삼국사기 백제본기 1)
겨울 10월 ... 혜성[星孛]이 서북쪽에 나타났다가 20일 만에 없어졌다.

▶ 冬十月 星孛于西北 二十日而滅 (증보문헌비고 상위고 6)

189년 백제 초고왕(肖古王) 24년 기사(己巳)
189년 4월 1일 병오 (양: 189년 5월 3일)
▶ 夏四月 丙午朔 日有食之 (삼국사기 백제본기 1)
여름 4월 초하루 병오일에 일식이 있었다.

▶ 夏四月 丙午朔 日食 (증보문헌비고 상위고 4)

191년 백제 초고왕(肖古王) 26년 신미(辛未)
191년 9월 (양: 191년 10월)
▶ 秋九月 蚩尤旗見于角亢 (삼국사기 백제본기 1)
가을 9월 혜성[蚩尤旗]이 각(角)[23]과 항(亢)[24]에 보였다.

▶ 秋九月 蚩尤旗見于角亢 (증보문헌비고 상위고 6)

191년 신라 벌휴이사금(伐休尼師今) 8년 신미(辛未)
191년 9월 (양: 191년 10월)
▶ 秋九月 蚩尤旗見于角亢 (삼국사기 신라본기 2)
가을 9월에 혜성[蚩尤旗]이 각(角)[23]과 항(亢)[24]에 보였다.

▶ 秋九月 蚩尤旗見于角亢 (증보문헌비고 상위고 6)

---

19 3월에 갑인일이 없다.
20 태미(太微)는 앞의 6 참조.
21 심(心)은 앞의 3 참조.
22 그믐(5월 30일)은 임진일이며, 임신일은 (음) 5월 10일이다. 이 기사에서 임신일은 임진일의 오기로 보이며, 고구려 본기 기록에는 그믐을 임진일로 기록하고 있다.
23 각(角)은 동방칠수 중 1번째인 각수(角宿)에 속한 별자리로 左角二이며, 현대의 처녀자리(Virgo)에 해당한다.
24 항(亢)은 동방칠수 중 2번째인 항수(亢宿)에 속한 별자리로 亢四이며, 현대의 처녀자리(Virgo)에 해당한다.

193년　신라 벌휴이사금(伐休尼師今) 10년 계유(癸酉)
　　　　193년 1월 1일 갑인 (양: 193년 2월 19일)
　　　　▶ 春正月 甲寅朔 日有食之 (삼국사기 신라본기 2)
　　　　　봄 정월 초하루 갑인일에 일식이 있었다.

　　　　▶ 春正月 甲寅朔 日食 (증보문헌비고 상위고 4)

194년　신라 벌휴이사금(伐休尼師今) 11년 갑술(甲戌)
　　　　194년 6월 30일 을사 (양: 194년 8월 4일)
　　　　▶ 夏六月 乙巳晦 日有食之 (삼국사기 신라본기 2)
　　　　　여름 6월 그믐(30일) 을사일에 일식이 있었다.

　　　　▶ 夏六月 乙巳晦 日食 (증보문헌비고 상위고 4)

200년　신라 내해이사금(奈解尼師今) 5년 경진(庚辰)
　　　　200년 7월 (양: 200년 8월)
　　　　▶ 秋七月 太白晝見 (삼국사기 신라본기 2)
　　　　　가을 7월에 금성[太白]이 낮에 보였다.

　　　　▶ 秋七月 太白晝見 (증보문헌비고 상위고 6)

200년　신라 내해이사금(奈解尼師今) 5년 경진(庚辰)
　　　　200년 9월 1일 경오 (양: 200년 9월 26일)
　　　　▶ (秋)九月 庚午朔 日有食之 (삼국사기 신라본기 2)
　　　　　(가을) 9월 초하루 경오일에 일식이 있었다.

　　　　▶ 秋九月 庚午朔 日食 (증보문헌비고 상위고 4)

201년　신라 내해이사금(奈解尼師今) 6년 신사(辛巳)
　　　　201년 3월 1일 정묘 (양: 201년 4월 21일)
　　　　▶ (春)三月 丁卯朔 日有食之 (삼국사기 신라본기 2)
　　　　　(봄) 3월 초하루 정묘일에 일식이 있었다.[25]

　　　　▶ 春三月 丁卯朔 日食 (증보문헌비고 상위고 4)

204년 백제 초고왕(肖古王) 39년 갑신(甲申)
204년 10월 (양: 204년 11월)
▶ 冬十月 星孛于東井 (삼국사기 백제본기 1)
겨울 10월 혜성[星孛]이 동정(東井)[26]에 보였다.

▶ 冬十月 星孛于東井 (증보문헌비고 상위고 6)

205년 신라 내해이사금(奈解尼師今) 10년 을유(乙酉)
205년 7월 (양: 205년 8월)
▶ 秋七月 太白犯月 (삼국사기 신라본기 2)
가을 7월에 금성[太白]이 달을 범하였다.

▶ 秋七月 月犯太白 (증보문헌비고 상위고 4)

205년 백제 초고왕(肖古王) 40년 을유(乙酉)
205년 7월 (양: 205년 8월)
▶ (秋)七月 太白犯月 (삼국사기 백제본기 1)
(가을) 7월에 금성[太白]이 달을 범하였다.

▶ 秋七月 月犯太白 (증보문헌비고 상위고 4)

212년 백제 초고왕(肖古王) 47년 임진(壬辰)
212년 6월 29일 경인 (양: 212년 8월 14일)
▶ 夏六月 庚寅晦 日有食之 (삼국사기 백제본기 1)
여름 6월 그믐(29일) 경인일에 일식이 있었다.

▶ 夏六月 庚寅晦 日食 (증보문헌비고 상위고 4)

---

25 3월에는 정묘일이 없다.
26 동정(東井)은 남방칠수 중 1번째인 각수(井宿)에 속한 별자리로 東井八이며, 현대의 쌍둥이자리(Gemini)
에 해당한다.

217년 고구려 산상왕(山上王) 21년 정유(丁酉)
217년 10월 (양: 217년 12월)
▶ 冬十月 星孛于東北 (삼국사기 고구려본기 4)
겨울 10월 혜성[星孛]이 동북쪽에 나타났다.

▶ 冬十月 星孛于東北 (증보문헌비고 상위고 6)

219년 고구려 산상왕(山上王) 23년 기해(己亥)
219년 2월 30일 임자 (양: 219년 4월 2일)
▶ 春二月 壬子晦 日有食之 (삼국사기 고구려본기 4)
봄 2월 그믐(30일) 임자일에 일식이 있었다.

▶ 春二月 壬子晦 日食 (증보문헌비고 상위고 4)

221년 백제 구수왕(仇首王) 8년 신축(辛丑)
221년 6월 29일 무진 (양: 221년 8월 5일)
▶ (夏)六月 戊辰晦 日有食之 (삼국사기 백제본기 2)
(여름) 6월 그믐(29일) 무진일에 일식이 있었다.

▶ 夏六月 戊辰晦 日食 (증보문헌비고 상위고 4)

222년 백제 구수왕(仇首王) 9년 임인(壬寅)
222년 11월 30일 경신 (양: 223년 1일 19일)
▶ (冬)十一月 庚申晦 日有食之 (삼국사기 백제본기 2)
(겨울) 11월 그믐(30일) 경신일에 일식이 있었다.

▶ 冬十一月 庚申晦 日食 (증보문헌비고 상위고 4)

224년 백제 구수왕(仇首王) 11년 갑진(甲辰)
224년 10월 (양: 224년 11월)
▶ (冬)十月 太白晝見 (삼국사기 백제본기 2)
(겨울) 10월 금성[太白]이 낮에 보였다.

▶ (冬)十月 太白晝見 (증보문헌비고 상위고 6)

246년 신라 조분이사금(助賁尼師今) 17년 병인(丙寅)
246년 10월 (양: 246년 10월)
　▶ 冬十月 東南有白氣如匹練 <small>(삼국사기 신라본기 2)</small>
　　겨울 10월에 동남쪽에 흰 기운(白氣)이 한 필의 비단[匹練]같이
　　뻗쳤었다.

　▶ 補 十月 東南有白氣如匹練 <small>(증보문헌비고 상위고 8)</small>

249년 백제 고이왕(古爾王) 16년 기사(己巳)
249년 1월 6일 갑오 (양: 249년 2월 5일)
　▶ 春正月 甲午 太白襲月 <small>(삼국사기 백제본기 2)</small>
　　봄 정월 갑오일에 금성[太白]이 달을 가렸다.

　▶ 春正月 甲午 月掩太白 <small>(증보문헌비고 상위고 4)</small>

256년 신라 첨해이사금(沾解尼師今) 10년 병자(丙子)
256년 10월 29일 임신 (양: 256년 12월 3일)
　▶ 冬十月 晦 日有食之 <small>(삼국사기 신라본기 2)</small>
　　겨울 10월 그믐(29일)에 일식이 있었다.

　▶ 冬十月 晦 日食 <small>(증보문헌비고 상위고 4)</small>

260년 신라 첨해이사금(沾解尼師今) 14년 경진(庚辰)
260년 7월 (양: 260년 8월)
　▶ 秋七月 星孛于東方二十五日而滅 <small>(삼국사기 신라본기 2)</small>
　　가을 7월 혜성[星孛]이 동쪽에 나타나 있다가 25일 만에 사라졌다.

　▶ 秋七月 新羅 有星孛于東方二十五日而滅 <small>(동국통감 권 3 삼국기)</small>

　▶ 秋七月 星孛于東方二十五日而滅 <small>(증보문헌비고 상위고 6)</small>

269년 백제 고이왕(古爾王) 36년 기축(己丑)
269년 9월 (양: 269년 10월)
▶ 秋九月 星孛于紫宮 (삼국사기 백제본기 2)
가을 9월 혜성[星孛]이 자궁(紫宮)[27]에 나타났다.

▶ 秋九月 星孛于紫宮 (증보문헌비고 상위고 6)

273년 고구려 서천왕(西川王) 4년 계사(癸巳)
273년 7월 1일 정유 (양: 273년 8월 1일)
▶ 秋七月 丁酉朔 日有食之 (삼국사기 고구려본기 5)
가을 7월 초하루 정유일에 일식이 있었다.

▶ 秋七月 丁酉朔 日食 (증보문헌비고 상위고 4)

299년 고구려 봉상왕(烽上王) 8년 기미(己未)
299년 9월 (양: 299년 10월)
▶ 秋九月 客星犯月 (삼국사기 고구려본기 5)
가을 9월 객성(客星)이 달을 범하였다.

▶ 秋九月 客星犯月 (증보문헌비고 상위고 6)

300년 고구려 미천왕(美川王) 1년 경신(庚申)
300년 12월 (양: 301년 1월)
▶ 冬十二月 星孛于東方 (삼국사기 고구려본기 5)
겨울 12월 혜성[星孛]이 동쪽에 나타났다.

▶ 冬十二月 星孛于東方 (증보문헌비고 상위고 6)

302년 백제 분서왕(汾西王) 5년 임술(壬戌)
302년 4월 (양: 302년 5월)
▶ 夏四月 彗星晝見 (삼국사기 백제본기 2)
여름 4월 혜성(彗星)이 대낮에 보였다.

▶ 夏四月 彗星晝見 (동국통감 권 3 삼국기)

▶ 夏四月 彗星晝見 (증보문헌비고 상위고 6)

308년 백제 비류왕(比流王) 5년 무진(戊辰)
308년 1월 1일 병오 (양: 308년 2월 8일)
▶ 春正月 丙子朔 日有食之 (삼국사기 백제본기 2)
봄 정월 초하루 병자일**28**에 일식이 있었다.

▶ 春正月 丙子朔 日食 (증보문헌비고 상위고 4)

315년 고구려 미천왕(美川王) 16년 을해(乙亥)
315년 8월 (양: 315년 9월)
▶ 秋八月 星孛于東北 (삼국사기 고구려본기 5)
가을 8월 혜성[星孛]이 동북쪽에 나타났다.

▶ 秋八月 星孛于東北 (증보문헌비고 상위고 6)

316년 백제 비류왕(比流王) 13년 병자(丙子)
316년 1~3월 (양: 316년 2~5월)
▶ 春 ... 大星西流 (삼국사기 백제본기 2)
봄에 ... 큰 별[大星]이 서쪽으로 흘렀다.

▶ 春 大星西流 (증보문헌비고 상위고 7)

321년 백제 비류왕(比流王) 18년 신사(辛巳)
321년 7월 (양: 321년 8월)
▶ 秋七月 太白晝見 (삼국사기 백제본기 2)
가을 7월에 금성[太白]이 낮에 보였다.

▶ 秋七月 太白晝見 (동국통감 권 3 삼국기)

▶ 秋七月 太白晝見 (증보문헌비고 상위고 6)

---

27 자궁(紫宮)은 앞의 7 참조.
28 정월 초하루(양: 2월 8일)는 병오(丙午)일이고, 2월 초하루(양: 3월 8일)가 병자일이다. 정월에는 병자일이 없어 子는 午의 오기로 보인다.

325년 백제 비류왕(比流王) 22년 을유(乙酉)
325년 10월 (양: 325년 11월)
▶ 冬十月 天有聲 如風浪相激 <small>(삼국사기 백제본기 2)</small>
겨울 10월 풍랑이 서로 부딪치는 듯한 소리가 하늘에서 울렸다.[29]

▶ 冬十月 天有聲如風浪相激 <small>(증보문헌비고 상위고 6)</small>

333년 백제 비류왕(比流王) 30년 계사(癸巳)
333년 5월 (양: 333년 6월)
▶ 夏五月 星隕 <small>(삼국사기 백제본기 2)</small>
여름 5월에 별이 떨어졌다.

▶ 補(二十年) 夏五月 星隕王宮 <small>(증보문헌비고 상위고 7)</small>
(20년) 여름 5월에 별이 왕궁에 떨어졌다.

335년 백제 비류왕(比流王) 32년 을미(乙未)
335년 10월 1일 을미 (양: 335년 11월 2일)
▶ 冬十月 乙未朔 日有食之 <small>(삼국사기 백제본기 2)</small>
겨울 10월 초하루 을미일에 일식이 있었다.

▶ 冬十月 乙未朔 日食 <small>(증보문헌비고 상위고 4)</small>

336년 백제 비류왕(比流王) 33년 병신(丙申)
336년 1월 18일 신사 (양: 336년 2월 16일)
▶ 春正月 辛巳 彗星見于奎 <small>(삼국사기 백제본기 2)</small>
봄 정월 신사일에 혜성(彗星)이 규(奎)[30]에 나타났다.

▶ 春正月 辛巳 彗星見于奎 <small>(증보문헌비고 상위고 6)</small>

336년 고구려 고국원왕(故國原王) 6년 병신(丙申)
336년 3월 (양: 336년 4월)
▶ 春三月 大星流西北 <small>(삼국사기 고구려본기 6)</small>
봄 3월에 큰 별[大星]이 서북쪽으로 흘렀다.

▶ 春三月 大星流西北 <small>(증보문헌비고 상위고 7)</small>

368년 백제 근초고왕(近肖古王) 23년 무진(戊辰)
368년 3월 1일 정사 (양: 368년 4월 4일)
▶ 春三月 丁巳朔 日有食之 (삼국사기 백제본기 2)
봄 3월 초하루 정사일에 일식이 있었다.

▶ 春三月 丁巳朔 日食 (증보문헌비고 상위고 4)

383년 고구려 소수림왕(小獸林王) 13년 계미(癸未)
383년 9월 (양: 383년 10월)
▶ 秋九月 星孛于西北 (삼국사기 고구려본기 6)
가을 9월 혜성[星孛]이 서북쪽에 나타났다.

▶ 秋九月 星孛于西北 (증보문헌비고 상위고 6)

384년 백제 근구수왕(近仇首王) 10년 갑신(甲申)
384년 2월 (양: 384년 3월)
▶ 春二月 日有暈三重 (삼국사기 백제본기 2)
봄 2월에 해무리가 3겹으로 이루어졌다.

▶ 春二月 日有暈三重 (증보문헌비고 상위고 7)

390년 백제 진사왕(辰斯王) 6년 경인(庚寅)
390년 7월 (양: 390년 8월)
▶ 秋七月 星孛于北河 (삼국사기 백제본기 3)
가을 7월에 혜성[星孛]이 북하(北河)[31]에 나타났다.

▶ 秋七月 星孛于北河 (증보문헌비고 상위고 6)

---

29 유성이 떨어지다가 대기중에서 폭발하여 굉음을 내는 현상과 유사하다.
30 규(奎)는 서방칠수 중 1번째인 규수(奎宿)에 속한 별자리로 奎十六이며, 현대의 안드로메다자리(Andro-meda)에 해당한다.
31 북하(北河)는 남방칠수 중 1번째인 정수(井宿)에 속한 별자리로 北河三이며, 현대의 쌍둥이 자리(Gemini)의 카스트로(Castor, α Gem), 폴룩스(Pollux, β Gem)에 해당한다.

392년 백제 진사왕(辰斯王) 8년 임진(壬辰)
　　　　　392년 5월 1일 정묘 (양: 392년 6월 7일)
　　　　▶ 夏五月 丁卯朔 日有食之 (삼국사기 백제본기 3)
　　　　　여름 5월 초하루 정묘일에 일식이 있었다.

　　　　▶ 夏五月 丁卯朔 日食 (증보문헌비고 상위고 4)

394년 백제 아신왕(阿莘王) 3년 갑오(甲午)
　　　　　394년 7월 (양: 394년 8월)
　　　　▶ 秋七月 太白晝見 (삼국사기 백제본기 3)
　　　　　가을 7월에 금성[太白]이 낮에 보였다.

　　　　▶ 秋七月 太白晝見 (증보문헌비고 상위고 6)

395년 백제 아신왕(阿莘王) 4년 을미(乙未)
　　　　　395년 2월 (양: 395년 3월)
　　　　▶ 春二月 星孛于西北 二十日而滅 (삼국사기 백제본기 3)
　　　　　봄 2월에 혜성[星孛]이 서북쪽에 나타나서 20일 만에 사라졌다.

　　　　▶ 春二月 星孛于西北 二十日而滅 (증보문헌비고 상위고 6)

398년 백제 아신왕(阿莘王) 7년 무술(戊戌)
　　　　　398년 8월 (양: 398년 9월)
　　　　▶ 秋八月 其夜大星落營中有聲 (삼국사기 백제본기 3)
　　　　　가을 8월 이날밤 큰 별[大星]이 병영[營中]에 떨어져 요란한 소리가 났다.

　　　　▶ 秋八月 大星落營中有聲 (증보문헌비고 상위고 7)

400년 백제 아신왕(阿莘王) 9년 경자(庚子)
　　　　　400년 2월 (양: 400년 3월)
　　　　▶ 春二月 星孛于奎婁 (삼국사기 백제본기 3)
　　　　　봄 2월에 혜성[星孛]이 규(奎)[32]와 루(婁)[33]에 나타났다.

　　　　▶ 春二月 星孛于奎婁 (증보문헌비고 상위고 6)

---

32 규(奎)는 앞의 30 참조.
33 루(婁)는 서방칠수 중 2번째인 루수(婁宿)에 속한 별자리로 婁三이며, 현대의 양자리(Aries)에 해당한다.

400년   백제 아신왕(阿莘王) 9년 경자(庚子)
400년 6월 1일 경진 (양: 400년 7월 8일)
▶ 夏六月 庚辰朔 日有食之 (삼국사기 백제본기 3)
여름 6월 초하루 경진일에 일식이 있었다.

▶ 夏六月 庚辰朔 日食 (증보문헌비고 상위고 4)

400년   신라 내물이사금(奈勿尼師今) 45년 경자(庚子)
400년 8월 (양: 400년 9월)
▶ 秋八月 星孛于東方 (삼국사기 신라본기 3)
가을 8월 혜성[星孛]이 동쪽에 나타났다.

▶ 秋八月 星孛于東方 (증보문헌비고 상위고 6)

415년   백제 전지왕(腆支王) 11년 을묘(乙卯)
415년 5월 2일 갑신 (양: 415년 6월 24일)
▶ 夏五月 甲申 彗星見 (삼국사기 백제본기 3)
여름 5월 갑신일에 혜성(彗星)이 보였다.

▶ 夏五月 甲申 彗星見 (증보문헌비고 상위고 6)

417년   백제 전지왕(腆支王) 13년 정사(丁巳)
417년 1월 1일 갑술 (양: 417년 2월 3일)
▶ 春正月 甲戌朔 日有食之 (삼국사기 백제본기 3)
봄 정월 초하루 갑술일에 일식이 있었다.

▶ 春正月 甲戌朔 日食 (증보문헌비고 상위고 4)

419년   백제 전지왕(腆支王) 15년 기미(己未)
419년 1월 7일 무술 (양: 419년 2월 17일)
▶ 春正月 戊戌 星孛于大微 (삼국사기 백제본기 3)
봄 정월 무술일에 혜성[星孛]이 태미(太微)[34]에 나타났다.

▶ 春正月 戊戌 星孛于太微 (증보문헌비고 상위고 6)

---

34 태미(太微)는 앞의 6 참조.

419년 백제 전지왕(腆支王) 15년 기미(己未)
419년 11월 1일 정해 (양: 419년 12월 3일)
▶ 冬十一月 丁亥朔 日有食之 (삼국사기 백제본기 3)
겨울 11월 초하루 정해일에 일식이 있었다.

▶ 冬十一月 丁亥朔 日食 (증보문헌비고 상위고 4)

440년 백제 비유왕(毗有王) 14년 경진(庚辰)
440년 4월 1일 무오 (양: 440년 5월 17일)
▶ 夏四月 戊午朔 日有食之 (삼국사기 백제본기 3)
여름 4월 초하루 무오일에 일식이 있었다.

▶ 夏四月 戊午朔 日食 (증보문헌비고 상위고 4)

454년 백제 비유왕(毗有王) 28년 갑오(甲午)
454년 (양: 454년)
▶ 星隕如雨 星孛于西北 長二丈許 (삼국사기 백제본기 3)
별이 비오듯 쏟아졌다. 혜성[星孛]이 서북쪽에 나타났는데 길이가
2장(二丈) 정도 되었다.

▶ 星孛于西北 長二丈許 (증보문헌비고 상위고 6)

▶ 星隕如雨 (증보문헌비고 상위고 7)

467년 신라 자비마립간(慈悲麻立干) 10년 정미(丁未)
467년 9월 (양: 467년 10월)
▶ 秋九月 天赤 大星自北流東南 (삼국사기 백제본기 3)
가을 9월 하늘이 붉어지더니 큰 별[大星]이 북쪽에서 동남쪽으로 흘렀다.

▶ 秋九月 天赤 (증보문헌비고 상위고 6)

▶ 秋九月 大星自北流東南 (증보문헌비고 상위고 7)

468년 백제 개로왕(蓋鹵王) 14년 무신(戊申)
468년 10월 1일 계유 (양: 468년 11월 1일)
▶ 冬十月 癸酉朔 日有食之 (삼국사기 백제본기 3)
겨울 10월 초하루 계유일에 일식이 있었다.

▶ 冬十月 癸酉朔 日食 (증보문헌비고 상위고 4)

478년 신라 자비마립간(慈悲麻立干) 21년 무오(戊午)
478년 2월 (양: 478년 3월)
▶ 春二月 夜赤光 如匹練 自地至天 (삼국사기 신라본기 3)
봄 2월 밤에 붉은 빛이 비단[匹練] 같이 되어 땅에서 하늘까지 뻗쳤다.

▶ 春二月 夜赤光如匹練 自地至天 (증보문헌비고 상위고 6)

▶ 補春赤光如匹練 自天至地 (증보문헌비고 상위고 8)

478년 백제 삼근왕(三斤王) 2년 무오(戊午)
478년 3월 1일 기유 (양: 478년 4월 19일)
▶ 春三月 己酉朔 日有食之 (삼국사기 백제본기 4)
봄 3월 초하루 기유일에 일식이 있었다.[35]

▶ 春三月 己酉朔 日食[36] (증보문헌비고 상위고 4)

484년 신라 소지마립간(炤知麻立干) 6년 갑자(甲子)
484년 3월 (양: 484년 4월)
▶ (春)三月 土星犯月 (삼국사기 신라본기 3)
(봄) 3월에 토성(土星)이 달을 범하였다.

▶ 春三月 月犯土星 (증보문헌비고 상위고 4)

---

35 삼근왕 3년(479년) 3월 초하루 (양: 4월 8일) 계묘일에 금환일식이 일어났다. 오기로 의심된다.
36 증보문헌비고에서는 삼근왕 6년의 기사로 기록하고 있다.

495년 백제 동성왕(東城王) 17년 을해(乙亥)
495년 5월 1일 갑술 (양: 495년 6월 14일)
▶ 夏五月 甲戌朔 日有食之 (삼국사기 백제본기 4)
여름 5월 초하루 갑술일[37]에 일식이 있었다.

▶ 夏五月 甲戌朔 日食 (증보문헌비고 상위고 4)

516년 백제 무녕왕(武寧王) 16년 병신(丙申)
516년 3월 1일 무진 (양: 516년 4월 18일)
▶ 春三月 戊辰朔 日有食之 (삼국사기 백제본기 4)
봄 3월 초하루 무진일에 일식이 있었다.

▶ 春三月 戊辰朔 日食 (증보문헌비고 상위고 4)

532년 백제 성왕(聖王) 10년 임자(壬子)
532년 7월 12일 갑진 (양: 532년 8월 28일)
▶ 秋七月 甲辰 星隕如雨 (삼국사기 백제본기 4)
가을 7월 갑진일에 별이 비오듯 떨어졌다.

▶ 秋七月 甲辰 星隕如雨 (증보문헌비고 상위고 7)

534년 백제 성왕(聖王) 12년 갑인(甲寅)
534년 4월 15일 정묘 (양: 534년 5월 13일)
▶ 夏四月 丁卯 熒惑犯南斗 (삼국사기 백제본기 4)
여름 4월 정묘일에 화성[熒惑]이 남두(南斗)[38]를 범하였다.

▶ 夏四月 丁卯 熒惑犯南斗 (증보문헌비고 상위고 5)

547년 백제 성왕(聖王) 25년 정묘(丁卯)
547년 1월 1일 기해 (양: 547년 2월 6일)
▶ 春正月 己亥朔 日有食之 (삼국사기 백제본기 4)
봄 정월 초하루 기해일에 일식이 있었다.

▶ 春正月己亥朔 日食 (증보문헌비고 상위고 4)

549년 백제 성왕(聖王) 27년 기사(己巳)
549년 1월 4일 경신 (양: 549년 2월 16일)
▶ 春正月 庚申 白虹貫日 (삼국사기 백제본기 4)
봄 정월 경신일에 흰무지개[白虹]가 해를 꿰뚫었다.

▶ 春正月 庚申 白虹貫日 (증보문헌비고 상위고 7)

554년 고구려 양원왕(陽原王) 10년 갑술(甲戌)
554년 12월 29일 신사 (양: 555년 2월 6일)
▶ (冬)十二月 晦 日有食之 (삼국사기 고구려본기 7)
(겨울) 12월 그믐(29일)에 일식이 있었다.

▶ 冬十二月 晦 日食 (증보문헌비고 상위고 4)

555년 고구려 양원왕(陽原王) 11년 을해(乙亥)
555년 11월 (양: 555년 12월)
▶ (冬) 十一月 太白晝見 (삼국사기 고구려본기 7)
(겨울) 11월 금성[太白]이 낮에 보였다.

▶ 冬十一月 太白晝見 (증보문헌비고 상위고 6)

559년 백제 위덕왕(威德王) 6년 기묘(己卯)
559년 5월 1일 정해 (양: 559년 5월 22일)
▶ 夏五月 丙辰朔 日有食之 (삼국사기 백제본기 5)
여름 5월 초하루 병진일에 일식이 있었다.[39]

▶ 夏五月 丙辰朔 日食 (증보문헌비고 상위고 4)

---

37 동성왕 17년(495년) 5월 초하루 (양: 6월 14일)는 기사일이고, 동성왕 16년(494년) 5월 초하루 (양: 6월 19일)
가 갑술일이다. 동성왕 16년(음) 5월에 개기일식이 있었다.
38 남두(南斗)는 앞의 13 참조.

566년 고구려 평원왕(平原王) 8년 병술(丙戌)
566년 5월 (양: 566년 6월)
▶ 補五月 星隕如雨 (증보문헌비고 상위고 7)
(여름) 5월에 별이 비오듯 떨어졌다.

572년 백제 위덕왕(威德王) 19년 임진(壬辰)
572년 9월 1일 경자 (양: 572년 9월 23일)
▶ 秋九月 庚子朔 日有食之 (삼국사기 백제본기 5)
가을 9월 초하루 경자일에 일식이 있었다.

▶ 秋九月 庚子朔 日食 (증보문헌비고 상위고 4)

579년 백제 위덕왕(威德王) 26년 기해(己亥)
579년 10월 (양: 579년 11월)
▶ 冬十月 長星竟天 二十日而滅 (삼국사기 백제본기 5)
겨울 10월에 혜성[長星]이 하늘 끝에 보이더니 20일 만에 없어졌다.

▶ 冬十月 長星竟天 二十日而滅 (증보문헌비고 상위고 6)

581년 고구려 평원왕(平原王) 23년 신축(辛丑)
581년 2월 30일 경진 (양: 581년 3월 20일)
▶ 春二月 晦 星隕如雨 (삼국사기 고구려본기 7)
봄 2월 그믐(30일) 경진일에 별이 비오듯 떨어졌다.

▶ 春二月 晦 星隕如雨 (증보문헌비고 상위고 7)

---

39 559년에 일식이 발생하지 않았다. 한편 5월 1일은 정해일이고, 윤5월 1일 (양: 6월 20일)이 병진일이다.
40 각(角)은 앞의 23 참조.
41 항(亢)은 앞의 24 참조.
42 심대성(心大星)은 심수(心宿, 앞의 3참조)에 속하는 별로, 현대의 전갈자리 알파별, 안타레스(Antares, α Sco)이다.

586년 신라 진평왕(眞平王) 8년 병오(丙午)
586년 5월 (양: 586년 6월)

▶ 夏五月 雷震 星殞如雨 (삼국사기 신라본기 4)
여름 5월에 뇌성벽력[雷震]이 있더니 별이 비오듯 떨어졌다.

▶ 夏五月 星隕如雨 (증보문헌비고 상위고 7)

592년 백제 위덕왕(威德王) 39년 임자(壬子)
592년 7월 29일 임신 (양: 592년 9월 10일)

▶ 秋七月 壬申晦 日有食之 (삼국사기 백제본기 5)
가을 7월 그믐(29일) 임신일에 일식이 있었다.

▶ 秋七月 壬申晦 日食 (증보문헌비고 상위고 4)

594년 백제 위덕왕(威德王) 41년 갑인(甲寅)
594년 11월 23일 계미 (양: 595년 1월 9일)

▶ 冬十一月 癸未 星孛于角亢 (삼국사기 백제본기 5)
겨울 11월 계미일에 혜성[星孛]이 각(角)[40]과 항(亢)[41]에 나타났다.

▶ 冬十一月 癸未 星孛于角亢 (증보문헌비고 상위고 6)

602년 백제 무왕(武王) 3년 임술(壬戌)
602년 10월 19일 신유 (양: 602년 11월 6일)

▶ 冬十月 辛酉 僧觀勒來之 仍貢曆本及天文地理書 并遁甲方術之書也
(일본서기 권 22 추고천황)

겨울 10월 신유일(19일)에 승려 관륵(觀勒)이 일본에 천문(天文), 지리(地理)와 역본(曆本), 둔갑방술(遁甲方術)의 책을 전해 주었다.

623년 신라 진평왕(眞平王) 45년 계미(癸未)
579~631년 (양: 579~631년)

▶ 第五居烈郎 第六實處郎[一作突處郎] 第七寶同郎等 三花之徒 欲遊楓岳 有彗星犯心大星 (삼국유사 권 5 감통 제7 융천가혜성가)
제5세 거열랑, 제6세 실처랑, 제7세 보동랑 등 세 화랑의 무리가 금강산(楓岳)에 놀러 가려는데 혜성(彗星)이 심대성[42]을 범하였다.

624년 고구려 영류왕(榮留王) 7년 갑신(甲申)
624년 2월 (양: 624년 3월)
▶ 春二月 王遣使如唐請班曆 (삼국사기 고구려본기 8)
봄 2월 왕이 사신을 당(唐)에 보내어 역서(曆書)를 반포(頒布)해 줄 것을 청하였다.

631년 신라 진평왕(眞平王) 53년 신묘(辛卯)
631년 7월 (양: 631년 8월)
▶ 秋七月 ... 土星犯月 (삼국사기 신라본기 4)
가을 7월에 토성(土星)이 달을 범하였다.

▶ 秋七月 月犯土星 (증보문헌비고 상위고 4)

640년 백제 무왕(武王) 41년 경자(庚子)
640년 1월 (양: 640년 2월)
▶ 春正月 星孛于西北 (삼국사기 백제본기 5)
봄 정월에 혜성[星孛]이 서북쪽에 나타났다.

▶ 春正月 有星孛于西北 (동국통감 권 6 삼국기)

▶ 春正月 星孛于西北 (증보문헌비고 상위고 6)

640년 고구려 영류왕(榮留王) 23년 경자(庚子)
640년 9월 (양: 640년 10월)
▶ 秋九月 日無光 經三日復明 (삼국사기 고구려본기 8)
가을 9월에 해가 빛을 잃었다가 3일 만에 다시 밝아졌다.[43]

▶ 秋九月 日無光 三日 (동국통감 권 6 삼국기)

▶ 秋九月 日無光 經三日復明 (증보문헌비고 상위고 7)

---

[43] '해가 빛을 잃었다'는 일식현상으로 볼 수 있으나, 일식은 3일동안 지속되지 않으므로 기상현상이나 상징적인 표현으로 보인다.

643년 고구려 보장왕(寶藏王) 2년 계묘(癸卯)
643년 9월 15일 신묘 (양: 643년 11월 1일)
▶ 秋九月 十五日 夜明不見月 衆星西流 (삼국사기 고구려본기 9)
가을 9월 15일 밤에 달이 나타나지 아니하고 많은 별이 서쪽으로 흘러갔다.

▶ 秋九月 十五日 夜明不見月 衆星西流 (증보문헌비고 상위고 7)

645년 고구려 보장왕(寶藏王) 4년 을사(乙巳)
645년 6월 21일 정사 (양: 645년 7월 19일)
▶ 補六月 丁巳 大星落于高延壽營中 (증보문헌비고 상위고 7)
(여름) 6월 정사일(21일)에 큰 별[大星]이 고연수(고구려 장군) 진영에
떨어졌다.

647년 신라 선덕왕(善德王) 16년 정미(丁未)
647년 1월 (양: 647년 2월)
▶ 丙夜 大星落於月城 (삼국사기 열전 1)
(봄 정월) 한밤중[丙夜, 3경]에 큰 별[大星]이 월성(月城)에 떨어졌다.

▶ 春正月 ... 夜有大星落月城 (동국통감 권 7 삼국기)

▶ 春正月 夜大星落于月城 (증보문헌비고 상위고 7)

647년 신라 진덕왕(眞德王) 1년 정미(丁未)
647년 6월 (양: 647년 7월)
▶ 補六月 大星落于月城 (증보문헌비고 상위고 7)
(여름) 6월 큰 별[大星]이 월성에 떨어졌다.

647년 신라 진덕왕(眞德王) 1년 정미(丁未)
647년 8월 (양: 647년 9월)
▶ (秋)八月 彗星出於南方 又衆星北流 (삼국사기 신라본기 5)
(가을) 8월에 혜성(彗星)이 남쪽에 나타나고 또 많은 별이 북쪽으로 흘러갔다.

▶ 秋八月 彗星出於南方 (증보문헌비고 상위고 6)

▶ 秋八月 衆星北流 (증보문헌비고 상위고 7)

661년　신라 태종무열왕(太宗武烈王) 8년 신유(辛酉)

　　　661년 5월 9일 계묘 (양: 661년 6월 11일)

　　　▶ 夏五月 九日(一云十一日)... 至誠告天 忽有大星落於賊營 又雷雨以震 賊疑懼
　　　　解圍而去 王喜將冬陁川 擢位大奈麻　　　　　　　　　　　(삼국사기 신라본기 5)

　　　　여름 5월 9일(또는 11일) ... (동타천이) 지성으로 하늘에 고하자, 흘연히 큰 별
　　　　[大星]이 적의 진영에 떨어지고 또 천둥치고 비가오면서 벼락을 치니, 적이
　　　　공포심이 들어 포위를 풀고 떠났다. 왕이 동타천을 가상히 여겨 대나마의
　　　　자리에 올렸다.**44**

　　　▶ 龍削元年 ... 忽有大星落於賊營 又雷雨震擊 賊等疑駭 解圍而遁
　　　　　　　　　　　　　　　　　　　　　　　　　　　　　　　　　(삼국사기 열전 2)

　　　　용삭(龍朔) 원년(661년), ... 갑자기 큰 별[大星]이 적의 진영에 떨어지고 또
　　　　번개치고 비를 뿌리므로 적들이 놀라서 포위를 풀고 달아났다.

　　　▶ 自五月 十一日 至六月 二十二日 我兵危甚 ... 庚信馳奏曰... 乃於星浮山 設
　　　　檀修神術 忽有光耀如大瓮從壇上而出乃星飛南北去
　　　　　　　　　　　　　　　　　　　　　　　(삼국유사 권 1 기이 제 1 태종춘추공)

　　　　5월 11일부터 6월 22일까지 우리(신라) 군사가 위태로웠다. ... 김유신이 달려와
　　　　말하였다. ... 그리고는 성부산에 단을 쌓고 신술을 부리니 흘연히 큰 항아리만한
　　　　광채가 단(壇) 위로부터 나오더니 이내 별이 되어 남북으로 날아갔다.

　　　▶ 夏五月九日 忽有大星落於賊營 又雷雨以震 (증보문헌비고 상위고 7)

661년　고구려 보장왕(寶藏王) 20년 신유(辛酉)

　　　　661년 5월 (양: 661년 6월 11일)

　　　▶ 夏五月... 忽有大星落於我營 又雷雨震擊 惱音信等疑駭引退
　　　　　　　　　　　　　　　　　　　　　　　　　　　　　　(삼국사기 고구려본기 10)

　　　　여름 5월 ... 갑자기 큰 별[大星]이 우리 진영에 떨어지고 또 천둥치며 비가
　　　　오고 벼락이 내려 뇌음신(惱音信)등이 어리둥절 놀라서 물러났다.

662년　신라 문무왕(文武王) 2년 임술(壬戌)

　　　　662년 (양: 662년)

　　　▶ 補春 客星見南方 (증보문헌비고 상위고 6)

　　　　봄에 객성(客星)이 남쪽에 보였다.

---

44 신라본기에서는 동타천이 전쟁터에서 하늘에 제사를 지낸 것으로 서술하고 있는데, 삼국사기 열전이나
　　삼국유사에서는 같은 행위를 서라벌에서 김유신이 행한 것으로 묘사하고 있다.

45 필(畢)은 서방칠수 중 5번째인 필수(畢宿)에 속한 별자리로 畢八이며, 현대의 황소자리(Taurus)에 해당한다.

46 묘(昴)는 서방칠수 중 4번째인 묘수(昴宿)에 속한 별자리로 昴七이며, 현대의 플레이아데스 성단(Pleiades)에
　　해당한다.

47 천선(天船)은 앞의 8 참조.

668년 고구려 보장왕(寶藏王) 27년 무진(戊辰)
668년 4월 (양: 668년 5월)

▶ 夏四月 彗星見於畢昴卯之間 唐許敬宗曰 彗見東北 高句麗將滅之兆也

(삼국사기 고구려본기 10)

여름 4월에 혜성(彗星)이 필(畢)[45]과 묘(昴)[46]사이에 나타났다. 당나라 허경종이 말하기를 "혜성(彗星)이 동북쪽에 나타났으니, 고구려가 장차 망할 징조다"라고 하였다.

▶ 夏四月 彗星見於畢昴之間 唐許敬宗曰 彗見東北 高句麗將滅之兆也

(동국통감 권 8 삼국기)

▶ 夏四月 彗星見於畢卯之間 ^補唐許敬宗奏帝曰 彗見東北 高句麗將滅之兆

(증보문헌비고 상위고 6)

668년 신라 문무왕(文武王) 8년 무진(戊辰)
668년 4월 (양: 668년 5월)

▶ 夏四月 彗星守天船 (삼국사기 신라본기 6)

여름 4월에 혜성(彗星)이 천선(天船)[47]에 머물렀다.

▶ ^補四月 彗守天船 (증보문헌비고 상위고 6)

670년 신라 문무왕(文武王) 10년 경오(庚午)
670년 12월 (양: 671년 1월)

▶ 冬十二月 土星掩月 (삼국사기 신라본기 6)

겨울 12월에 토성(土星)이 달을 가렸다.

▶ 冬十二月 月掩土星 (증보문헌비고 상위고 4)

672년 신라 문무왕(文武王) 12년 임신(壬申)
672년 9월 (양: 672년 10월)

▶ 秋九月 彗星七出北方 (삼국사기 신라본기 7)

가을 9월에 혜성(彗星)이 북쪽에 일곱 번이나 나타났다.

▶ 九月 彗星七出北方 (동국통감 권 9 신라기)

▶ 秋九月 彗星七出北方 (증보문헌비고 상위고 6)

673년 신라 문무왕(文武王) 13년 계유(癸酉)
673년 1월 (양: 673년 2월)
▶ 春正月 大星隕皇龍寺在城中間 (삼국사기 신라본기 7)
봄 정월에 큰 별[大星]이 황룡사(皇龍寺)와 재성(在城) 중간에 떨어졌다.

▶ 春正月 大星隕皇龍寺 (증보문헌비고 상위고 7)

673년 신라 문무왕(文武王) 13년 계유(癸酉)
673년 1월 (양: 673년 2월)
▶ 春 妖星見 地震 大王憂之 (삼국사기 열전 3)
봄에 이상한 별[妖星]이 나타나고 지진이 일어나자 왕이 이를 걱정하였다.

▶ 春正月 大星隕地震 (동국통감 권 9 신라기)
봄 1월에 큰 별[大星]이 떨어지고 지진이 있었다.

▶ 其春 惑星見地震 (증보문헌비고 상위고 7)

674년 신라 문무왕(文武王) 14년 갑술(甲戌)
674년 1월 (양: 674년 2월)
▶ 春正月 入唐宿衛大奈麻德福 傳學曆術還 改用新曆法   (삼국사기 신라본기 7)
봄 정월 당 나라에서 숙위(宿衛)를 했던 대나마(大奈麻) 덕복(德福)이 역술
(曆術)을 배우고 돌아와서 새 역법으로 고쳐썼다.

▶ 春正月 改用新曆 初奈麻德福 入唐宿衛 學曆術而還 請改用其法 從之
(동국통감 권 9 신라기)

676년 신라 문무왕(文武王) 16년 병자(丙子)
676년 7월 (양: 676년 8월)
▶ 秋七月 彗星出北河積水之間 長六七許步 (삼국사기 신라본기 7)
가을 7월 혜성(彗星)이 북하(北河)와 적수(積水)[48] 사이에 나타났는데 그
길이가 6~7보 가량이나 되었다.

▶ 秋七月 彗星出北河積水之間 長六七許步 (증보문헌비고 상위고 6)

---

48 북하(北河)와 적수(積水)는 남방칠수 중 1번째인 정수(井宿)에 속한 별자리로 北河三과 積水이며, 현대의
쌍둥이자리(Gemini)에 해당한다.

679년 신라 문무왕(文武王) 19년 기묘(己卯)
679년 4월 (양: 679년 5월)

▶ 夏四月 熒惑守羽林 <small>(삼국사기 신라본기 7)</small>
여름 4월 화성[熒惑]이 우림(羽林)[49]에 머물렀다.

▶ 夏四月 熒惑守羽林 <small>(증보문헌비고 상위고 5)</small>

679년 신라 문무왕(文武王) 19년 기묘(己卯)
679년 6월 (양: 679년 7월)

▶ 夏六月 太白入月 流星犯參大星 <small>(삼국사기 신라본기 7)</small>
여름 6월에 금성[太白]이 달에 들어가고, 유성(流星)이 삼대성(參大星)[50]을 범하였다.

▶ 夏六月 月掩太白 <small>(증보문헌비고 상위고 4)</small>

▶ 夏六月 流星犯參大星 <small>(증보문헌비고 상위고 7)</small>

679년 신라 문무왕(文武王) 19년 기묘(己卯)
679년 8월 (양: 679년 9월)

▶ 秋八月 太白入月 <small>(삼국사기 신라본기 7)</small>
가을 8월에 금성[太白]이 달에 들어갔다.

▶ 秋八月 月掩太白 <small>(증보문헌비고 상위고 4)</small>

681년 신라 문무왕(文武王) 21년 신사(辛巳)
681년 5월 (양: 681년 6월)

▶ 夏五月 流星犯參大星 <small>(삼국사기 신라본기 7)</small>
여름 5월 유성(流星)이 삼대성(參大星)[50]을 범했다.

▶ 夏五月 流星犯參大星 <small>(동국통감 권 9 신라기)</small>

▶ 夏五月 流星犯參大星 <small>(증보문헌비고 상위고 7)</small>

---

49 우림(羽林)은 북방칠수 중 6번째인 실수(室宿)에 속한 별자리로 羽林四十五이며, 현대의 물병자리(Aquarius)에 해당한다.

50 삼대성(參大星)은 삼수(參宿, 앞의 2참조)에 속한 별로, 베텔게우스(Betelgeus, α Ori), 리겔(Rigal, β Ori) 또는 민타카(Mintaka, δ Ori)를 지칭하는 것으로 보인다.

681년 신라 문무왕(文武王) 21년 신사(辛巳)
681년 6월 (양: 681년 7월)
▶ (夏)六月 天狗落坤方 (삼국사기 신라본기 7)
(여름) 6월 운석[天狗]이 남서쪽[坤方]에 떨어졌다.

▶ 六月 天狗落坤方 (동국통감 권 9 신라기)

▶ 六月 天狗落坤方 (증보문헌비고 상위고 7)

682년 신라 신문왕(神文王) 2년 임오(壬午)
682년 5월 (양: 682년 6월)
▶ (夏)五月 太白犯月 (삼국사기 신라본기 8)
(여름) 5월에 금성[太白]이 달을 범하였다.

▶ 夏五月 月犯太白 (증보문헌비고 상위고 4)

683년 신라 신문왕(神文王) 3년 계미(癸未)
683년 10월 (양: 683년 11월)
▶ 冬十月 彗星出五車 (삼국사기 신라본기 8)
겨울 10월 혜성(彗星)이 오거(五車)[51]에 나타났다.

▶ (冬十月) 彗星出五車 (동국통감 권 9 신라기)

▶ 補十月 彗星出五車 (증보문헌비고 상위고 6)

684년 신라 신문왕(神文王) 4년 갑신(甲申)
684년 10월 (양: 684년 11월)
▶ 冬十月 自昏及曙 流星縱橫 (삼국사기 신라본기 8)
겨울 10월에 밤새도록 유성(流星)이 어지럽게 떨어졌다.

▶ 冬十月 流星縱橫徹夜 (동국통감 권 9 신라기)

▶ 冬十月 自昏及曙 流星縱橫 (증보문헌비고 상위고 7)

687년   신라 신문왕(神文王) 7년 정해(丁亥)

687년 4월 (양: 687년 5월)

▶ 夏四月... 比者 道喪君臨 義乘天鑒 怪成星象 火宿沈輝 戰戰慄慄 若墜淵谷

(삼국사기 신라본기 8)

여름 4월 "... 요즈음 법도는 임금의 다스림을 잃었고 의는 하늘의 경계에 어긋나서 성상(星象)은 괴이하게 나타나고 태양[火宿]은 빛을 감추니, 두렵고 떨리는 마음이 마치 못이나 골짜기에 다다른 듯하다. ..."[52]

692년   신라 효소왕(孝昭王) 1년 임진(壬辰)

692년 8월 (양: 692년 9월)

▶ (秋)八月 ... 高僧道證 自唐廻 上天文圖 (삼국사기 신라본기 8)

(가을) 8월 고승(高僧) 도증(道證)이 당에서 돌아와 천문도를 바쳤다.

▶ 高僧道證 自唐回 上天文圖 (증보문헌비고 예문고 헌서)

693년   신라 효소왕(孝昭王) 2년 계사(癸巳)

693년 6월 12일 경오 (양: 693년 7월 20일)

▶ 六月十二日 有彗星孛于東方 十七日 又孛于西方 日官奏曰 不封爵於琴笛之瑞

(삼국유사 권 3 탑상 제 4 백률사)

6월 12일에 혜성(彗星孛)이 동쪽에 나타나고 17일에 또 서쪽에 나타나 일관(日官)이 아뢰었다 '이것은 거문고(琴)와 피리(笛)를 벼슬에 봉하지 않아서 그러한 것입니다.'

695년   신라 효소왕(孝昭王) 4년 을미(乙未)

695년 1월 (양: 695년 1월)

▶ 一月 以立子月爲正 (삼국사기 신라본기 8)

1월에 자월(子月)을 정월(正月)로 삼았다.

---

51 오거(五車)는 서방칠수 중 5번째인 필수(畢宿)에 속한 별자리로 五車五이며, 현대의 마차부자리(Auriga)에 해당한다.

52 제문의 내용으로 실제 천문현상이 있었는지 알 수 없다.

699년 신라 효소왕(孝昭王) 8년 기해(己亥)
699년 2월 (양: 699년 3월)
▶ 春二月 白氣竟天 星孛于東 (삼국사기 신라본기 8)
봄 2월에 흰 기운이 하늘에 뻗치고, 혜성[星孛]이 동쪽에 나타났다.

▶ 春二月 白氣竟天 星孛于東 (증보문헌비고 상위고 6)

▶ 補二月 白氣竟天 (증보문헌비고 상위고 8)

700년 신라 효소왕(孝昭王) 9년 경자(庚子)
700년 (양: 700년)
▶ 復以立寅月爲正 (삼국사기 신라본기 8)
다시 인월(寅月)을 정월(正月)로 삼았다.

700년 신라 효소왕(孝昭王) 9년 경자(庚子)
700년 6월 (양: 700년 7월)
▶ (夏)六月 歲星入月 (삼국사기 신라본기 8)
(여름) 6월에 목성[歲星]이 달에 들어갔다.

▶ 夏六月 月掩歲星 (증보문헌비고 상위고 4)

701년 신라 효소왕(孝昭王) 10년 신축(辛丑)
701년 2월 (양: 701년 3월)
▶ 春二月 彗星入月 (삼국사기 신라본기 8)
봄 2월에 혜성(彗星)이 달에 들어갔다.

▶ 春二月 彗星入月 (증보문헌비고 상위고 6)

706년 신라 성덕왕(聖德王) 5년 병오(丙午)
706년 3월 (양: 706년 4월)
▶ (春)三月 衆星西流 (삼국사기 신라본기 8)
(봄) 3월 많은 별이 서쪽으로 흘러갔다.

▶ 春三月 衆星西流 (증보문헌비고 상위고 7)

708년   신라 성덕왕(聖德王) 7년 무신(戊申)
708년 4월 (양: 708년 5월)

▶ 夏四月 鎭星犯月 (삼국사기 신라본기 8)
여름 4월 토성[鎭星]이 달을 범하였다.

▶ 夏四月 月犯鎭星 (증보문헌비고 상위고 4)

710년   신라 성덕왕(聖德王) 9년 경술(庚戌)
710년 1월 (양: 710년 2월)

▶ 春正月 天狗隕三郎寺北 (삼국사기 신라본기 8)
봄 정월에 운석[天狗]이 삼랑사(三郎寺) 북편에 떨어졌다.

▶ 春正月 天狗隕三郎寺北 (증보문헌비고 상위고 7)

715년   신라 성덕왕(聖德王) 14년 을묘(乙卯)
715년 9월 (양: 715년 10월)

▶ 秋九月 太白掩庶子星 (삼국사기 신라본기 8)
가을 9월 금성[太白]이 서자성(庶子星)[53]을 가리웠다.

▶ 秋九月 太白掩庶子 (증보문헌비고 상위고 5)

715년   신라 성덕왕(聖德王) 14년 을묘(乙卯)
715년 10월 (양: 715년 11월)

▶ 冬十月 流星犯紫微 (삼국사기 신라본기 8)
겨울 10월에 유성(流星)이 자미(紫微)[54]를 범하였다.

▶ 冬十月 流星犯紫微 (증보문헌비고 상위고 7)

---

53 서자성(庶子星)은 동방칠수 중 5번째인 심수(心宿)에 속한 별자리로 太子-明堂-庶子로 구성되어 있으며 현대의 전갈자리(Scorpius)에 해당한다. 자미원(紫微垣)내의 북극오(北極五)의 3째 별도 서자(庶子)이나 금성의 궤도와 거리가 멀다.

54 자미(紫微)는 앞의 10 참조.

715년　신라 성덕왕(聖德王) 14년 을묘(乙卯)
　　　　715년 12월 (양: 716년 1월)
　　　　▶ 十二月 流星自天倉入大微 (삼국사기 신라본기 8)
　　　　　12월에 유성(流星)이 천창(天倉)[55]에서 태미(太微)[56]로 들어갔다.

　　　　▶ 十二月 流星自天倉入太微 (증보문헌비고 상위고 7)

716년　신라 성덕왕(聖德王) 15년 병진(丙辰)
　　　　716년 1월 (양: 716년 2월)
　　　　▶ 春正月 流星犯月月無光 (삼국사기 신라본기 8)
　　　　　봄 정월에 유성(流星)이 달을 범하므로 달이 빛을 잃었다.

　　　　▶ 春正月 流星犯月月無光[補]以下月 (증보문헌비고 상위고 7)

717년　신라 성덕왕(聖德王) 16년 정사(丁巳)
　　　　717년 2월 (양: 717년 3월)
　　　　▶ 春二月 置醫博士 算博士 各一員 (삼국사기 신라본기 8)
　　　　　봄 2월에 의박사(醫博士)와 산박사(算博士) 각 1인을 두었다.

718년　신라 성덕왕(聖德王) 17년 무오(戊午)
　　　　718년 6월 (양: 718년 7월)
　　　　▶ 夏六月 ... 始造漏刻 (삼국사기 신라본기 8)
　　　　　여름 6월에 처음으로 누각(漏刻)을 만들었다.

　　　　▶ 漏刻典 聖德王十七年始直 博士六人 史一人 (삼국사기 잡지 7)
　　　　　누각전을 성덕왕 17년에 처음두었다. 박사 6명, 사 1명이다.

　　　　▶ 夏六月 始造漏刻 置漏刻典博士 (동국통감 권 10 신라기)
　　　　　여름 6월에 처음으로 누각을 만들고, 누각전과 누각박사를 두었다.

---

55 천창(天倉)은 서방칠수 중 2번째인 루수(婁宿)에 속한 별자리로 天倉六이며, 현대의 고래자리(Cetus)에 해당한다.
56 태미(太微)는 앞의 6 참조.

718년 신라 성덕왕(聖德王) 17년 무오(戊午)
718년 10월 (양: 718년 11월)
▶ 冬十月 流星自昴入于奎 衆小星隨之 天狗隕艮方 (삼국사기 신라본기 8)
겨울 10월에 유성(流星)이 묘(昴)[57]로부터 규(奎)[58]로 들어갔는데, 작은
별들[衆小星]이 뒤따랐으며, 운석[天狗]이 동북쪽[艮方]에 떨어졌다.

▶ 冬十月 流星自昴入于奎 衆小星隨之 天狗隕艮方 (증보문헌비고 상위고 7)

725년 신라 성덕왕(聖德王) 24년 을축(乙丑)
725년 1월 (양: 725년 2월)
▶ 春正月 白虹見 (삼국사기 신라본기 8)
봄 정월에 흰무지개[白紅]가 나타났다.

▶ 正月 白虹見 (증보문헌비고 상위고 9)

735년 신라 성덕왕(聖德王) 34년 을해(乙亥)
735년 1월 (양: 735년 2월)
▶ 春正月 熒惑犯月 (삼국사기 신라본기 8)
봄 정월에 화성[熒惑]이 달을 범하였다.

▶ 春正月 月犯熒惑 (증보문헌비고 상위고 4)

737년 신라 효성왕(孝成王) 1년 정축(丁丑)
737년 9월 (양: 737년 10월)
▶ 秋九月 流星入大微 (삼국사기 신라본기 9)
가을 9월에 유성(流星)이 태미(太微)[56]에 들어갔다.

▶ 秋九月 流星入太微 (증보문헌비고 상위고 7)

---

57 묘(昴)는 앞의 46 참조.
58 규(奎)는 앞의 30 참조.

738년 신라 효성왕(孝成王) 2년 무인(戊寅)
738년 4월 (양: 738년 5월)
▶ 夏四月 ... 白虹貫日 (삼국사기 신라본기 9)
여름 4월에 흰무지개[白虹]가 해를 꿰뚫었다.

▶ 夏四月 白虹貫日 (증보문헌비고 상위고 7)

740년 신라 효성왕(孝成王) 4년 경진(庚辰)
740년 5월 (양: 740년 6월)
▶ 夏五月 鎭星犯軒轅大星 (삼국사기 신라본기 9)
여름 5월에 토성[鎭星]이 헌원대성(軒轅大星)[59]을 범하였다.

▶ 夏五月 鎭星犯軒轅大星 (증보문헌비고 상위고 5)

742년 신라 효성왕(孝成王) 6년 임오(壬午)
742년 5월 (양: 742년 6월)
▶ 夏五月 流星犯參大星 (삼국사기 신라본기 9)
여름 5월에 유성(流星)이 삼대성(參大星)[60]을 범하였다.

▶ 五月 流星犯參大星 (증보문헌비고 상위고 7)

744년 신라 경덕왕(景德王) 3년 갑신(甲申)
744년 10~12월 (양: 744년 11월 ~ 745년 1월)
▶ 冬 妖星出中天 大如五斗器 浹旬乃滅 (삼국사기 신라본기 9)
겨울에 이상한 별[妖星]이 중천(中天)에 보였는데 크기가 다섯 말들이 그릇만
했으며 10일 만에 없어졌다.

▶ 冬妖星出中天 大如五斗器 浹旬乃滅 (증보문헌비고 상위고 6)

748년 신라 경덕왕(景德王) 7년 무자(戊子)
748년 1월 (양: 748년 2월)
▶ 春正月 天狗落地 (삼국사기 신라본기 9)
봄 정월에 운석[天狗]이 땅에 떨어졌다.

▶ 春正月 天狗落地 (증보문헌비고 상위고 7)

749년 신라 경덕왕(景德王) 8년 기축(己丑)

749년 3월 (양: 749년 4월)

▶ (春)三月 置天文博士一員 漏刻博士六員 (삼국사기 신라본기 9)

(봄) 3월에 천문박사 1명과 누각박사 6명을 두었다.

▶ 天文博士 後改爲司天博士 (삼국사기 잡지 8 직관)

천문박사(天文博士)는 이후에 司天博士로 고쳤다.

▶ 春三月 置天文博士一員 漏刻博士六員 (동국통감 권 10 신라기)

759년 신라 경덕왕(景德王) 18년 기해(己亥)

759년 3월 (양: 759년 4월)

▶ (春)三月 彗星見 至秋乃滅 (삼국사기 신라본기 9)

(봄) 3월에 혜성(彗星)이 나타나 가을에 가서야 없어졌다.

▶ 春三月 彗星見至秋乃滅 (증보문헌비고 상위고 6)

760년 신라 경덕왕(景德王) 19년 경자(庚子)

760년 4월 1일 신묘 (양: 760년 4월 20일)

▶ 四月 朔 二日竝現挾(浹)旬不滅 日官奏 請緣僧作散花功德 則可禳

(삼국유사 권 5 감통 7 월명사도솔가)

4월 초하루에 해 둘이 나란히 나타나서 열흘동안 사라지지 않았다. 일관(日官)이 아뢰기를 인연이 있는 스님에게 청하여 산화공덕을 짓게 하면 재앙을 물리칠 수 있다고 하였다. [61]

761년 신라 경덕왕(景德王) 20년 신축(辛丑)

761년 1월 1일 정해 (양: 761년 2월 10일)

▶ 春正月 朔 虹貫日 日有珥 (삼국사기 신라본기 9)

봄 정월 초하루에 무지개가 해를 꿰뚫고 해에는 둥근고리[珥]가 있었다.

▶ 春正月 朔 虹貫日 日有珥 (증보문헌비고 상위고 7)

---

59 헌원대성(軒轅大星)은 軒轅十七에 속한 밝은 별로 현대의 레굴루스(Regulus, α Leo)에 해당한다. 헌원(軒轅)은 남방칠수 중 4번째인 성수(星宿)에 속한 별자리로 軒轅十七이며, 현대의 사자자리(Leo)에 해당한다.

60 삼대성(參大星)은 앞의 50 참조.

61 이 기록 중 다른 하나의 '해'는 핼리 혜성으로 알려져 있다. 4월은 윤 4월의 오기로 보인다.

761년 신라 경덕왕(景德王) 20년 신축(辛丑)
761년 4월 (양: 761년 5월)

▶ 夏四月 彗星出 (삼국사기 신라본기 9)
여름 4월에 혜성(彗星)이 나타났다.

▶ 夏四月 彗星出 (증보문헌비고 상위고 6)

764년 신라 경덕왕(景德王) 23년 갑진(甲辰)
764년 3월 (양: 764년 4월)

▶ (春)三月 星孛于東南 (삼국사기 신라본기 9)
(봄) 3월에 혜성[星孛]이 동남쪽에 나타났다.

▶ 三月 星孛于東南 (증보문헌비고 상위고 6)

764년 신라 경덕왕(景德王) 23년 갑진(甲辰)
764년 12월 11일 갑술 (양: 765년 1월 7일)

▶ 冬十二月 十一日 流星惑大惑小 觀者不能數 (삼국사기 신라본기 9)
겨울 12월 11일 크고 작은 유성(流星)이 나타나 보는 사람이 그 수를 셀 수가 없었다.

▶ 冬十二月 十一日 流星惑大惑小 觀者不能數 (증보문헌비고 상위고 7)

765년 신라 경덕왕(景德王) 24년
을사 765년 6월 (양: 765년 7월)

▶ (夏)六月 流星犯心 (삼국사기 신라본기 9)
(여름) 6월에 유성(流星)이 심(心)[62]을 범했다.

▶ 夏六月 流星犯心 (동국통감 권 10 신라기)

▶ 夏六月 流星犯心 (증보문헌비고 상위고 7)

---

62 심(心)은 앞의 3 참조.

766년 신라 혜공왕(惠恭王) 2년 병오(丙午)

766년 (양: 766년)

▶ 允中庶孫巖 性聰敏 好習方術 少壯爲伊湌 入唐宿衛 間就師學陰陽家法 聞一隅 則反之以三隅 自述遁甲立成之法 呈於其師 ... 大曆中 還國 爲司天大博士　(삼국사기 열전 3)

윤중(김유신의 적손)의 서손(유신의 6대손) 암(巖)은 방술(方術) 익히기를 좋아하였다. 젊어서 이찬이 되어 당에 들어가 숙위로 있으면서 간혹 스승께 나아가 음양가의 술법을 배워 하나를 들으면 셋을 미루어 알았다. 스스로 둔갑입성법을 저술하고 스승에게 바쳤다. ... 당의 대종(代宗)때인 대력(766~779년)때 귀국하여 사천대박사가 되었다.

766년 신라 혜공왕(惠恭王) 2년 병오(丙午)

766년 1월 (양: 766년 2월)

▶ 春正月 二日竝出　(삼국사기 신라본기 9)

봄 정월에 두개의 해가 나란히 떠올랐다.

▶ 春正月 兩日竝出　(동국통감 권 10 신라기)

▶ 春正月 二日竝出　(증보문헌비고 상위고 7)

766년 신라 혜공왕(惠恭王) 2년 병오(丙午)

766년 10월 (양: 766년 11월)

▶ 冬十月 天有聲如鼓　(삼국사기 신라본기 9)

겨울 10월 하늘에서 소리가 났는데 북소리와 같았다.

▶ 冬十月 天有聲如鼓　(증보문헌비고 상위고 6)

767년 신라 혜공왕(惠恭王) 3년 정미(丁未)

767년 (양: 767년)

▶ (大曆)至二年丁未 又天狗墜於東樓南 頭如瓮 尾三尺許 色如烈火 天地亦振　(삼국유사 권 2 기이 제 2 혜공왕)

(대력) 2년 정미년에 운석[天狗]이 동루(東婁) 남쪽에 떨어졌는데 머리가 항아리처럼 생겼고, 꼬리의 길이가 3척(尺)이었으며, 빛깔이 타오르는 불 같았으며, 천지가 또한 흔들렸다.

▶ 補 天狗隕于東樓 頭如瓮 尾長三尺 色如烈火 天地亦振　(증보문헌비고 상위고 7)

767년 신라 혜공왕(惠恭王) 3년 정미(丁未)

767년 7월 (양: 767년 8월)

▶ 秋七月 ... 三星隕王庭相擊 其光如火迸散 (삼국사기 신라본기 9)
가을 7월에 세 별(三星)이 대궐 뜰에 떨어져 서로 맞부딪쳤는데 빛이 불빛 같이 날아 흩어졌다.

▶ 七月 北宮庭中先有二星墜地 又一星墜 三星皆沒入地 (삼국유사 권 2 기이 2 혜공왕)
7월에 북궁(北宮)의 뜰 가운데 별 두 개가 떨어지고 또 한 개가 떨어져, 세 개의 별이 땅 속으로 들어갔다.

▶ (秋七月) 有三星隕宮庭相擊 其光如火 (동국통감 권 10 신라기)
가을 7월에 별 셋이 대궐 뜰에 떨어졌는데, 서로 부딪쳐 그 빛이 불이 난 것 처럼 밝았다.

▶ 秋七月 三星隕王庭相擊 其光如火迸散 (증보문헌비고 상위고 7)

768년 신라 혜공왕(惠恭王) 4년 무신(戊申)

768년 1~3월 (양: 768년 2~4월)

▶ 春 彗星出東北 (삼국사기 신라본기 9)
봄에 혜성(彗星)이 동북쪽에 나타났다.

▶ 春 彗星出東北 (동국통감 권 10 신라기)

▶ 春 彗星出東北 (증보문헌비고 상위고 6)

768년 신라 혜공왕(惠恭王) 4년 무신(戊申)

768년 6월 (양: 768년 7월)

▶ 夏六月 大星隕皇龍寺南 地震聲如雷 (삼국사기 신라본기 9)
여름 6월에 큰 별[大星]이 황룡사 남쪽에 떨어지고 지진이 있었는데 소리가 우뢰와 같았다.

▶ 夏六月 大星隕皇龍寺南 (증보문헌비고 상위고 7)

770년   신라 혜공왕(惠恭王) 6년 경술(庚戌)
770년 5월 11일 계유 ~ 6월 12일 계묘 (양: 770년 6월 9일 ~ 7월 9일)
▶ 夏五月 十一日 彗星出五車北 至六月 十二日 滅 (삼국사기 신라본기 9)
여름 5월 11일에 혜성(彗星)이 오거(五車)⁶³의 북쪽에 나타났는데, 6월 12
일에 이르러서 사라졌다.

▶ 夏五月 彗星出五車北 至六月 乃滅 (동국통감 권 10 신라기)

▶ 夏五月 十一日 彗星出五車北 至六月 十二日 滅 (증보문헌비고 상위고 6)

779년   신라 혜공왕(惠恭王) 15년 기미(己未)
779년 3월 (양: 779년 4월)
▶ 春三月 ... 太白入月 (삼국사기 신라본기 9)
봄 3월에 금성[太白]이 달에 들어갔다.

▶ 春三月 月掩太白 (증보문헌비고 상위고 4)

787년   신라 원성왕(元聖王) 3년 정묘(丁卯)
787년 5월 (양: 787년 6월)
▶ 夏五月 太白晝見 (삼국사기 신라본기 10)
여름 5월 금성[太白]이 낮에 보였다.

▶ 夏五月 太白晝見 (증보문헌비고 상위고 6)

787년   신라 원성왕(元聖王) 3년 정묘(丁卯)
787년 8월 1일 신사 (양: 787년 9월 16일)
▶ (秋)八月 辛巳朔 日有食之 (삼국사기 신라본기 10)
(가을) 8월 초하루 신사일에 일식이 있었다.

▶ 秋八月 辛巳朔 日食 (증보문헌비고 상위고 4)

---

63 오거(五車)는 앞의 51 참조.

789년 신라 원성왕(元聖王) 5년 기사(己巳)
789년 1월 1일 갑진 (양: 789년 1월 31일)
▶ 春正月 甲辰朔 日有食之 (삼국사기 신라본기 10)
봄 정월 초하루 갑진일에 일식이 있었다.

▶ 春正月 甲辰朔 日食 (증보문헌비고 상위고 4)

790년 신라 원성왕(元聖王) 6년 경오(庚午)
790년 4월 (양: 790년 5월)
▶ 夏四月 太白辰星 聚于東井 (삼국사기 신라본기 10)
여름 4월에 금성[太白]과 수성[辰星]이 동정(東井)[64]에 모였다.

▶ 夏四月 太白辰星 聚于東井 (증보문헌비고 상위고 5)

792년 신라 원성왕(元聖王) 8년 임신(壬申)
792년 11월 1일 임자 (양: 792년 11월 19일)
▶ 冬十一月 壬子朔 日有食之 (삼국사기 신라본기 10)
겨울 11월 초하루 임자일에 일식이 있었다.

▶ 冬十一月 壬子朔 日食 (증보문헌비고 상위고 4)

801년 신라 애장왕(哀莊王) 2년 신사(辛巳)
801년 5월 1일 임술 (양: 801년 6월 15일)
▶ 夏五月 壬戌朔 日當食不食 (삼국사기 신라본기 10)
여름 5월 초하루 임술일에 당연히 일식이 있어야 했으나 일식이 없었다.

801년 신라 애장왕(哀莊王) 2년 신사(辛巳)
801년 9월 (양: 801년 10월)
▶ 秋九月 熒惑入月 星隕如雨 (삼국사기 신라본기 10)
가을 9월에 화성[熒惑]이 달에 들어가고 별이 비오듯 떨어졌다.

▶ 秋九月 月掩熒惑 (증보문헌비고 상위고 4)

▶ 秋八月[65] 星隕如雨 (증보문헌비고 상위고 7)

808년 신라 애장왕(哀莊王) 9년 무자(戊子)
808년 7월 1일 신사 (양: 808년 7월 27일)
▶ 秋七月 辛巳朔 日有食之 (삼국사기 신라본기 10)
가을 7월 초하루 신사일에 일식이 있었다.

▶ 秋七月 辛巳朔 日食 (증보문헌비고 상위고 4)

809년 신라 애장왕(哀莊王) 10년 기축(己丑)
809년 1월 (양: 809년 2월)
▶ 春正月 月犯畢 (삼국사기 신라본기 10)
정월에 달이 필(畢)[66]을 범하였다.

810년 신라 헌덕왕(憲德王) 2년 경인(庚寅)
810년 7월 (양: 810년 8월)
▶ 秋七月 流星入紫微 (삼국사기 신라본기 10)
가을 7월에 유성(流星)이 자미(紫微)[67]에 들어갔다.

▶ 秋七月 流星入紫微 (증보문헌비고 상위고 7)

810년 신라 헌덕왕(憲德王) 2년 경인(庚寅)
810년 10월 (양: 810년 11월)
▶ 冬十月 ... 流星入王良 (삼국사기 신라본기 10)
겨울 10월에 유성(流星)이 왕량(王良)[68]에 들어갔다.

▶ 冬十月 流星入王良 (증보문헌비고 상위고 7)

---

64 동정(東井)은 앞의 26 참조.
65 8월은 9월의 오기로 보인다.
66 필(畢)은 앞의 45 참조.
67 자미(紫微)는 앞의 10 참조.
68 왕량(王良)은 앞의 1 참조.

815년 신라 헌덕왕(憲德王) 7년 을미(乙未)

815년 8월 1일 기해 (양: 815년 9월 7일)

▶ 秋八月 己亥朔 日有食之 (삼국사기 신라본기 10)

가을 8월 초하루 기해일에 일식이 있었다.

▶ 秋八月 己亥朔 日食 (증보문헌비고 상위고 4)

815년 신라 헌덕왕(憲德王) 7년 을미(乙未)

815년 8월 (양: 815년 9월)

▶ (秋八月) 大星出翼軫間 指庚 芒長六許尺 廣二許寸 (삼국사기 신라본기 10)

(가을 8월) 큰 별[大星]이 익(翼)[69]과 진(軫)[70] 사이에서 나와 서남서[庚]로 향하고 있었는데, 빛의 길이가 6 자이고 너비가 2 치 가량되었다.

▶ 秋 大星出翼軫間指庚 芒長六尺 廣二寸許 (동국통감 권 10 신라기)

▶ 秋八月 大星出翼軫間 指庚 芒長六許尺 廣二許寸 (증보문헌비고 상위고 6)

818년 신라 헌덕왕(憲德王) 10년 무술(戊戌)

818년 6월 1일 계축 (양: 818년 7월 7일)

▶ 夏六月 癸丑朔 日有食之 (삼국사기 신라본기 10)

여름 6월 초하루 계축일에 일식이 있었다.

▶ 夏六月 癸丑朔 日食 (증보문헌비고 상위고 4)

822년 신라 헌덕왕(憲德王) 14년 임인(壬寅)

822년 4월 13일 계유 (양: 822년 5월 7일)

▶ 夏四月 十三日 月色如血 (삼국사기 신라본기 10)

여름 4월 13일 달빛이 핏빛 같았다.[71]

▶ 夏四月 十三日 月色如血 (증보문헌비고 상위고 7)

---

69 익(翼)은 남방칠수 중 6번째인 익수(翼宿)에 속한 별자리로 翼二十二이며, 현대의 컵자리(Crator)에 해당한다.

70 진(軫)은 남방칠수 중 7번째인 진수(軫宿)에 속한 별자리로 軫四이며, 현대의 까마귀자리(Corvus)에 해당한다.

71 반영월식의 전형적인 관측 현상이다. 다만 13일은 월식이 일어나기에는 빠른 날짜이다.

72 천시(天市)는 앞의 14 참조.

822년 신라 헌덕왕(憲德王) 14년 임인(壬寅)
822년 7월 12일 경자 (양: 822년 8월 2일)
▶ 秋七月 十二日 日有黑暈 指南北 (삼국사기 신라본기 10)
가을 7월 12일에 해에 검은 햇무리[黑暈]가 남북으로 뻗쳐 있었다.

▶ 秋七月 十二日 日有黑暈 指南北 (증보문헌비고 상위고 7)

823년 신라 헌덕왕(憲德王) 15년 계묘(癸卯)
823년 4월 12일 병신 (양: 823년 5월 25일)
▶ 夏四月 十二日 流星起天市 犯帝座 過天市東北垣織女王良 至閣道 分爲三 聲如擊鼓而滅 (삼국사기 신라본기 10)
여름 4월 12일 유성(流星)이 천시(天市)[72]에서 일어나 제좌(帝座)[73]을 범한 후 천시동북원(天市東北垣)[74], 직녀(織女)[75], 왕량(王良)[76]을 지나 각도(閣道)[77] 에 이르러 셋으로 갈라져 북소리를 낸 후 사라졌다.

▶ 夏四月 十二日 流星起天市 犯帝座 過天市東北垣織女王良 至閣道 分爲三 聲如擊鼓而滅 (증보문헌비고 상위고 7)

827년 신라 흥덕왕(興德王) 2년 정미(丁未)
827년 8월 (양: 827년 9월)
▶ 秋八月 太白晝見 (삼국사기 신라본기 10)
가을 8월에 금성[太白]이 낮에 보였다.

▶ 秋八月 太白晝見 (증보문헌비고 상위고 6)

836년 신라 흥덕왕(興德王) 11년 병진(丙辰)
836년 1월 1일 신축 (양: 836년 1월 22일)
▶ 春正月 辛丑朔 日有食之 (삼국사기 신라본기 10)
봄 정월 초하루 신축일에 일식이 있었다.

▶ 春正月辛丑朔 日食 (증보문헌비고 상위고 4)

---

73 제좌(帝座)는 천시원(天市垣) 내에 있는 帝座一이며, 현대의 헤르쿨레스자리(Hercules)에 있는 라스알게티 (Ras Algethi, α Her)이다.

74 천시동북원(天市東北垣)은 天市東垣十一의 북쪽 영역을 말한다.

75 직녀(織女)는 북방칠수 중에 2번째인 우수(牛宿)에 있는 별자리로 織女三이며, 현대의 거문고자리(Lyra)에 있는 베가(Vega, α Lyr)가 가장 밝다.

76 왕량(王良)은 앞의 1 참조.

77 각도(閣道)는 규수(奎宿)에 있는 별자리로 閣道六이며, 현대의 카시오페이아자리(Cassiopeia)이다.

836년 신라 흥덕왕(興德王) 11년 병진(丙辰)
836년 6월 (양: 836년 7월)

▶ 夏六月 星孛于東 <small>(삼국사기 신라본기 10)</small>
여름 6월에 동쪽에 혜성[星孛]이 나타났다.

▶ 夏六月 有星孛于東 <small>(동국통감 권 11 신라기)</small>

▶ 夏六月 星孛于東 <small>(증보문헌비고 상위고 6)</small>

836년 신라 흥덕왕(興德王) 11년 병진(丙辰)
836년 7월 (양: 836년 8월)

▶ 秋七月 太白犯月 <small>(삼국사기 신라본기 10)</small>
가을 7월 금성[太白]이 달을 범하였다.

▶ 秋七月 太白犯月 <small>(동국통감 권 11 신라기)</small>

▶ 秋七月 月犯太白 <small>(증보문헌비고 상위고 4)</small>

838년 신라 민애왕(閔哀王) 1년 무오(戊午)
838년 12월 (양: 839년 1월)

▶ 冬 彗孛見西方 芒角指東 <small>(삼국사기 열전 4)</small>
겨울에 혜성[彗孛]이 서쪽에 나타났는데, 꼬리[芒角]가 동쪽을 가리켰다.

▶ 補(僖康王三年)[78]冬 彗見西方 芒角指東 <small>(증보문헌비고 상위고 6)</small>

▶ 補(閔哀王元年) 冬 彗見西方 芒角指東 <small>(증보문헌비고 상위고 6)</small>

844년 신라 문성왕(文聖王) 6년 갑자(甲子)
844년 2월 1일 갑인 (양: 844년 2월 22일)

▶ 春二月 甲寅朔 日有食之 <small>(삼국사기 신라본기 11)</small>
봄 2월 초하루 갑인일에 일식이 있었다.

▶ 春二月 甲寅朔 日食 <small>(증보문헌비고 상위고 4)</small>

844년　신라 문성왕(文聖王) 6년 갑자(甲子)

844년 2월 (양: 844년 3월)

▶ (春二月) 太白犯鎭星 <small>(삼국사기 신라본기 11)</small>

(봄 2월) 금성[太白]이 토성[鎭星]을 범하였다.

▶ 春二月 太白犯鎭星 <small>(증보문헌비고 상위고 4)</small>

845년　신라 문성왕(文聖王) 7년 을축(乙丑)

845년 12월 1일 갑술 (양: 846년 1월 2일)

▶ (冬)十二月 朔 三日並出 <small>(삼국사기 신라본기 11)</small>

(겨울) 12월 초하루에 해가 셋이 나란히 떠올랐다.

▶ 十二月 朔 三日並出 <small>(동국통감 권 11 신라기)</small>

▶ 冬十二月 朔 三日並出 <small>(증보문헌비고 상위고 7)</small>

848년　신라 문성왕(文聖王) 10년 무진(戊辰)

848년 7~9월 (양: 850년 8~10월)

▶ 補秋 星隕如雨 <small>(증보문헌비고 상위고 7)</small>

가을에 별이 비오듯 떨어졌다.

848년　신라 문성왕(文聖王) 10년 무진(戊辰)

848년 10월 (양: 850년 11월)

▶ 十月 天有聲如雷 <small>(증보문헌비고 상위고 6)</small>

10월 하늘에서 우뢰같은 소리가 들렸다.

850년　신라 문성왕(文聖王) 12년 경오(庚午)

850년 1월 (양: 850년 2월)

▶ 春正月 土星入月 <small>(삼국사기 신라본기 11)</small>

봄 정월에 토성(土星)이 달에 들어갔다.

▶ 春正月 月掩土星 <small>(증보문헌비고 상위고 4)</small>

---

78 희강왕은 재위 3년(838) 정월에 난이 발생하여 자살하였다. 증보문헌비고에서 '희강왕 3년'이라고 한 것은 유년칭원법 (踰年稱元法)을 적용한 것으로 보인다.

855년 신라 문성왕(文聖王) 17년 을해(乙亥)
855년 12월 (양: 856년 1월)
▶ 冬十二月 … 土星入月 (삼국사기 신라본기 11)
겨울 12월에 토성(土星)이 달에 들어갔다.

▶ 冬十二月 月犯土星 (증보문헌비고 상위고 4)

867년 신라 경문왕(景文王) 7년 정해(丁亥)
867년 12월 (양: 868년 1월)
▶ (冬)十二月 客星犯太白 (삼국사기 신라본기 11)
(겨울) 12월 객성(客星)이 금성[太白]을 범했다.

▶ 冬十二月 客星犯太白 (증보문헌비고 상위고 6)

875년 신라 경문왕(景文王) 15년 을미(乙未)
875년 2월 (양: 875년 3월)
▶ 春二月 星孛于東 二十日乃滅 (삼국사기 신라본기 11)
봄 2월에 혜성[星孛]이 동쪽에 나타나 20일 만에 없어졌다.

▶ 春 有星孛于東 二十日乃滅 (동국통감 권 11 신라기)

▶ 春二月 星孛于東 二十日乃滅 (증보문헌비고 상위고 6)

880년 신라 헌강왕(憲康王) 6년 경자(庚子)
880년 2월 (양: 880년 3월)
▶ 春二月 太白犯月 (삼국사기 신라본기 11)
봄 2월에 금성[太白]이 달을 범하였다.

▶ 春二月 月犯太白 (증보문헌비고 상위고 4)

885년 신라 헌강왕(憲康王) 11년 을사(乙巳)
885년 10월 1일 임자 (양: 885년 11월 11일)
▶ 冬十月 壬子 太白晝見 (삼국사기 신라본기 11)
겨울 10월 임자일에 금성[太白]이 낮에 보였다.

▶ 冬十月 太白晝見 (동국통감 권 11 신라기)

▶ 冬十月 壬子 太白晝見 (증보문헌비고 상위고 6)

888년 신라 진성왕(眞聖王) 2년 무신(戊申)
888년 3월 1일 무술 (양: 888년 4월 15일)
▶ 春三月 戊戌朔 日有食之 (삼국사기 신라본기 11)
봄 3월 초하루 무술일에 일식이 있었다.

▶ 春三月 戊戌朔 日食 (증보문헌비고 상위고 4)

890년 신라 진성왕(眞聖王) 4년 경술(庚戌)
890년 1월 (양: 890년 2월)
▶ 春正月 日暈五重 (삼국사기 신라본기 11)
봄 정월 햇무리가 다섯겹으로 되었다.

▶ 春正月 日暈五重 (증보문헌비고 상위고 7)

905년 신라 효공왕(孝恭王) 9년 을축(乙丑)
905년 2월 (양: 905년 3월)
▶ 春二月 星隕如雨 (삼국사기 신라본기 12)
봄 2월에 별이 비오듯 떨어졌다.

▶ 春二月 星隕如雨 (증보문헌비고 상위고 7)

908년   신라 효공왕(孝恭王) 12년 무진(戊辰)
908년 2월 (양: 908년 3월)

▶ 春二月 星孛于東 (삼국사기 신라본기 12)
봄 2월에 혜성[星孛]이 동쪽에 나타났다.

▶ 春二月 星孛于東 (증보문헌비고 상위고 6)

911년   신라 효공왕(孝恭王) 15년 신미(辛未)
911년 1월 1일 병술 (양: 911년 2월 2일)

▶ 春正月 丙戌朔 日有食之 (삼국사기 신라본기 12)
봄 정월 초하루 병술일에 일식이 있었다.

▶ 春正月 丙戌朔 日食 (증보문헌비고 상위고 4)

917년   신라 신덕왕(神德王) 6년 정축(丁丑)
917년 1월 (양: 917년 2월)

▶ 春正月 太白犯月 (삼국사기 신라본기 12)
봄 정월에 금성[太白]이 달을 범하였다.

▶ 春正月 月犯太白 (증보문헌비고 상위고 4)

934년   신라 경순왕(敬順王) 8년 갑오(甲午)
934년 9월 20일 (양: 934년 10월 30일)

▶ 秋九月 老人星見 (삼국사기 신라본기 12)
가을 9월에 노인성(老人星)[79]이 보였다.

▶ 秋九月 老人星見 臣 謹按 老人恒星也 行道有定 非如彗孛之起散 中國江以南常見 以北不見 我國濟州以南始見 以北不見 此必誤記 故屬之客星 (증보문헌비고 상위고 6)
가을 9월에 노인성(老人星)이 보였다. 신이 삼가 살펴보건대, 노인성은 항성이므로 행도가 정해져 있어서, 혜성[慧：]이 나타나고 흩어지는 것과 같지 않으며, 중국의 강 이남(양쯔강 이남)에서는 항상 나타나고 이북에서는 나타나지 않는다. 그런데 우리나라의 제주 이남에서 비로소 보이고, 이북에는 나타나지 않으니, 이것은 반드시 잘못 기록한 것이다. 그러므로 객성(客星)에 붙인 것이다.

---

79 노인성(老人星)은 남방칠수 중 1번째인 정수(井宿)에 속한 별자리로 老人一이며, 현대의 용골자리(Carina) 카노푸스 (Canopus, α Car)이다.

II. 현상별 천문기록

1. 일식

2. 월성식 (달의 엄범掩犯)

3. 행성현상 (행성의 엄범掩犯과 합취合聚)

4. 낮에 보인 금성 (태백주현太白晝見)

5. 혜성과 객성

6. 유성과 운석

7. 황도광과 오로라

8. 해와 달의 특이현상

9. 기타 현상

10. 천문제도와 역법

11. 천문대

1. 일식

기원전 신라 혁거세거서간(赫居世居西干) 4년 정묘(丁卯)
54년 기원전 54년 4월 1일 신축 (양: 기원전 54년 5월 9일)
▶ 夏四月 辛丑朔 日有食之 (삼국사기 신라본기 1)
여름 4월 초하루 신축일에 일식이 있었다.

▶ 夏四月 辛丑朔 日食 (증보문헌비고 상위고 4)

기원전 신라 혁거세거서간(赫居世居西干) 24년 정해(丁亥)
34년 기원전 34년 6월 29일 임신 (양: 기원전 34년 8월 23일)
▶ 夏六月 壬申晦 日有食之 (삼국사기 신라본기 1)
여름 6월 그믐(29일) 임신일에 일식이 있었다.

▶ 夏六月 壬申晦 日食 (증보문헌비고 상위고 4)

기원전 신라 혁거세거서간(赫居世居西干) 30년 계사(癸巳)
28년 기원전 28년 4월 30일 기해 (양: 기원전 28년 6월 19일)
▶ 夏四月 己亥晦 日有食之 (삼국사기 신라본기 1)
여름 4월 그믐(30일) 기해일에 일식이 있었다.

▶ 夏四月 己亥晦 日食 (증보문헌비고 상위고 4)

기원전 신라 혁거세거서간(赫居世居西干) 32년 을미(乙未)
26년 기원전 26년 8월 30일 을묘 (양: 기원전 26년 10월 23일)
▶ 秋八月 乙卯晦 日有食之 (삼국사기 신라본기 1)
가을 8월 그믐(30일) 을묘일에 일식이 있었다.

▶ 秋八月 乙卯晦 日食 (증보문헌비고 상위고 4)

기원전 15년 신라 혁거세거서간(赫居世居西干) 43년 병오(丙午)

기원전 15년 2월 30일 을유 (양: 기원전 15년 3월 29일)

▶ 春二月 乙酉晦 日有食之 (삼국사기 신라본기 1)
봄 2월 그믐(30일) 을유일에 일식(日食)이 있었다.

▶ 春二月 乙酉晦 日食 (증보문헌비고 상위고 4)

기원전 13년 백제 온조왕(溫祚王) 6년 무신(戊申)

기원전 13년 7월 30일 신미 (양: 기원전 13년 8월 31일)

▶ 秋七月 辛未晦 日有食之 (삼국사기 백제본기 1)
가을 7월 그믐(30일) 신미일에 일식이 있었다.

▶ 秋七月 辛未晦 日食 (증보문헌비고 상위고 4)

기원전 2년 신라 혁거세거서간(赫居世居西干) 56년 기미(己未)

기원전 2년 1월 1일 신축 (양: 기원전 2년 2월 5일)

▶ 春正月 辛丑朔 日有食之 (삼국사기 신라본기 1)
봄 정월 초하루 신축일에 일식이 있었다.

▶ 春正月 辛丑朔 日食 (증보문헌비고 상위고 4)

2년 신라 혁거세거서간(赫居世居西干) 59년 임술(壬戌)

2년 9월 30일 무신 (양: 2년 11월 23일)

▶ 秋九月 戊申晦 日有食之 (삼국사기 신라본기 1)
가을 9월 그믐(30일) 무신일에 일식이 있었다.

▶ 秋九月 戊申晦 日食 (증보문헌비고 상위고 4)

6년 신라 남해차차웅(南解次次雄) 3년 병인(丙寅)

6년 10월 1일 병진 (양: 6년 11월 10일)

▶ 冬十月 丙辰朔 日有食之 (삼국사기 신라본기 1)
겨울 10월 초하루 병진일에 일식이 있었다.

▶ 冬十月 丙辰朔 日食 (증보문헌비고 상위고 4)

16년 신라 남해차차웅(南解次次雄) 13년 병자(丙子)
16년 7월 29일 무자 (양: 16년 8월 21일)
▶ 秋七月 戊子晦 日有食之 (삼국사기 신라본기 1)
가을 7월 그믐(29일) 무자일에 일식이 있었다.

▶ 秋七月 戊子晦 日食 (증보문헌비고 상위고 4)

73년 백제 다루왕(多婁王) 46년 계유(癸酉)
73년 5월 30일 무오 (양: 73년 7월 23일)
▶ 夏五月 戊午晦 日有食之 (삼국사기 백제 본기 1)
여름 5월 그믐(30일) 무오일에 일식이 있었다.

▶ 夏五月 戊午晦 日食 (증보문헌비고 상위고 4)

87년 백제 기루왕(己婁王) 11년 정해(丁亥)
87년 8월 30일 을미 (양: 87년 10월 15일)
▶ 秋八月 乙未晦 日有食之 (삼국사기 백제본기 1)
가을 8월 그믐(30일) 을미일에 일식이 있었다.

▶ 秋八月 乙未晦 日食 (증보문헌비고 상위고 4)

92년 백제 기루왕(己婁王) 16년 임진(壬辰)
92년 6월 1일 무술 (양: 92년 7월 23일)
▶ 夏六月 戊戌朔 日有食之 (삼국사기 백제본기 1)
여름 6월 초하루 무술일에 일식이 있었다.

▶ 夏六月 戊戌朔 日食 (증보문헌비고 상위고 4)

114년 고구려 태조대왕(太祖大王) 62년 갑인(甲寅)
114년 3월 (양: 114년 4월)
▶ 春三月 日有食之 (삼국사기 고구려본기 3)
봄 3월에 일식이 있었다.[1]

▶ 春三月 日食 (증보문헌비고 상위고 4)

116년 고구려 태조대왕(太祖大王) 64년 병진(丙辰)
116년 3월 (양: 116년 4월)
▶ 春三月 日有食之 (삼국사기 고구려본기 3)
봄 3월에 일식이 있었다.[2]

▶ 春三月 日食 (증보문헌비고 상위고 4)

124년 고구려 태조대왕(太祖大王) 72년 갑자(甲子)
124년 9월 30일 경신 (양: 124년 10월 25일)
▶ 秋九月 庚申晦 日有食之 (삼국사기 고구려본기 3)
가을 9월 그믐(30일) 경신일에 일식이 있었다.

▶ 秋九月 庚申晦 日食 (증보문헌비고 상위고 4)

124년 신라 지마이사금(祇摩尼師今) 13년 갑자(甲子)
124년 9월 30일 경신 (양: 124년 10월 25일)
▶ 秋九月 庚申晦 日有食之 (삼국사기 신라본기 1)
가을 9월 그믐(30일) 경신일에 일식이 있었다.

▶ 秋九月 庚申晦 日食 (증보문헌비고 상위고 4)

127년 신라 지마이사금(祇摩尼師今) 16년 정묘(丁卯)
127년 7월 1일 갑술 (양: 127년 8월 25일)
▶ 秋七月 甲戌朔 日有食之 (삼국사기 신라본기 1)
가을 7월 초하루 갑술일에 일식이 있었다.

▶ 秋七月 甲戌朔 日食 (증보문헌비고 상위고 4)

---

1 3월 초하루는 임술일(양: 4월 23일)이다.
2 3월 초하루는 경술일(양: 3월 31일)이다.

141년 신라 일성이사금(逸聖尼師今) 8년 신사(辛巳)
141년 9월 30일 신해 (양: 141년 11월 16일)
▶ 秋九月 辛亥晦 日有食之 (삼국사기 신라본기 1)
가을 9월 그믐(30일) 신해일에 일식이 있었다.

▶ 秋九月 辛亥晦 日食 (증보문헌비고 상위고 4)

149년 고구려 차대왕(次大王) 4년 기축(己丑)
149년 4월 30일 정묘 (양: 149년 6월 23일)
▶ 夏四月 丁卯晦 日有食之 (삼국사기 고구려본기 3)
여름 4월 그믐(30일) 정묘일에 일식이 있었다.

▶ 夏四月 丁卯晦 日食 (증보문헌비고 상위고 4)

155년 백제 개루왕(蓋婁王) 28년 을미(乙未)
155년 1월 29일 계해 (양: 155년 3월 20일)
▶ 春正月 丙申晦 日有食之 (삼국사기 백제본기 1)
봄 정월 그믐(29일) 병신일[3]에 일식이 있었다.

▶ 春正月 丙申晦 日食 (증보문헌비고 상위고 4)

157년 신라 아달라이사금(阿達羅尼師今) 4년 정유(丁酉)
157년 (양: 157년)
▶ 是時 新羅日月無光 (삼국유사 권1 기이 제1 연오랑 세오녀)
이때에 신라에서는 해와 달이 광채(光彩)가 없었다.[4]

158년 고구려 차대왕(次大王) 13년 무술(戊戌)
158년 5월 29일 갑술 (양: 158년 7월 13일)
▶ 夏五月 甲戌晦 日有食之 (삼국사기 고구려본기 3)
여름 5월 그믐(29일) 갑술일에 일식이 있었다.

▶ 夏五月 甲戌晦 日食 (증보문헌비고 상위고 4)

165년 고구려 차대왕(次大王) 20년 을사(乙巳)
165년 1월 30일 병신 (양: 165년 2월 28일)
  ▶ 春正月 晦 日有食之 (삼국사기 고구려본기 3)
  봄 정월 그믐(30일)에 일식이 있었다.

  ▶ 春正月 晦 日食 (증보문헌비고 상위고 4)

166년 신라 아달라이사금(阿達羅尼師今) 13년 을사(乙巳)
166년 1월 1일 신묘 (양: 166년 2월 18일)
  ▶ 春正月 辛亥朔 日有食之 (삼국사기 신라본기 2)
  봄 정월 초하루 신해일[5]에 일식이 있었다.

  ▶ 春正月 辛亥朔 日食 (증보문헌비고 상위고 4)

170년 백제 초고왕(肖古王) 5년 경술(庚戌)
170년 3월 30일 병인 (양: 170년 5월 3일)
  ▶ 春三月 丙寅晦 日有食之 (삼국사기 백제본기 1)
  봄 3월 그믐(30일) 병인일에 일식이 있었다.

  ▶ 春三月 丙寅晦 日食 (증보문헌비고 상위고 4)

178년 고구려 신대왕(新大王) 14년 무오(戊午)
178년 10월 30일 병자 (양: 178년 11월 27일)
  ▶ 冬十月 丙子晦 日有食之 (삼국사기 고구려본기 4)
  겨울 10월 그믐(30일) 병자일에 일식이 있었다.

  ▶ 冬十月 丙子晦 日食 (증보문헌비고 상위고 4)

---

3 계루왕 28년(155년) 정월 그믐(29일)은 계해일이고, 계루왕 38년(165년) 정월 그믐(30일)은 병신일(양: 2월 28일)이다. 155년에는 일식이 없었고, 156년에는 일식이 있었다. 계루왕 28년은 계루왕 38년의 오기라고 보면, 이 기사는 고구려 차대왕 20년의 일식기록과 일치한다.
4 157년 (양) 7월 24일에 금환일식이 있었다. 이 일식은 신라나 백제에서 부분일식으로 보였으나 식분(0.1 남짓)이 크지 않은 것으로 계산된다.
5 정월 21일이 신해일이고, 초하루(1일)는 신묘(辛卯)일이다.

186년 신라 벌휴이사금(伐休尼師今) 3년 병인(丙寅)
186년 5월 30일 임진 (양: 186년 7월 4일)
▶ 夏五月 壬申晦 日有食之 (삼국사기 신라본기 2)
여름 5월 그믐(30일) 임신일[6]에 일식이 있었다.

▶ 夏五月 壬申晦 日食 (증보문헌비고 상위고 4)

186년 고구려 고국천왕(故國川王) 8년 병인(丙寅)
186년 5월 30일 임진 (양: 186년 7월 4일)
▶ (夏)五月 壬辰晦 日有食之 (삼국사기 고구려본기 4)
(여름) 5월 그믐(30일) 임진일에 일식이 있었다.

▶ 夏五月 壬辰晦 日食 (증보문헌비고 상위고 4)

189년 백제 초고왕(肖古王) 24년 기사(己巳)
189년 4월 1일 병오 (양: 189년 5월 3일)
▶ 夏四月 丙午朔 日有食之 (삼국사기 백제본기 1)
여름 4월 초하루 병오일에 일식이 있었다.

▶ 夏四月 丙午朔 日食 (증보문헌비고 상위고 4)

193년 신라 벌휴이사금(伐休尼師今) 10년 계유(癸酉)
193년 1월 1일 갑인 (양: 193년 2월 19일)
▶ 春正月 甲寅朔 日有食之 (삼국사기 신라본기 2)
봄 정월 초하루 갑인일에 일식이 있었다.

▶ 春正月 甲寅朔 日食 (증보문헌비고 상위고 4)

194년 신라 벌휴이사금(伐休尼師今) 11년 갑술(甲戌)
194년 6월 30일 을사 (양: 194년 8월 4일)
▶ 夏六月 乙巳晦 日有食之 (삼국사기 신라본기 2)
여름 6월 그믐(30일) 을사일에 일식이 있었다.

200년
▶ 夏六月 乙巳晦 日食 (증보문헌비고 상위고 4)
신라 내해이사금(奈解尼師今) 5년 경진(庚辰)
200년 9월 1일 경오 (양: 200년 9월 26일)
▶ (秋)九月 庚午朔 日有食之 (삼국사기 신라본기 2)
(가을) 9월 초하루 경오일에 일식이 있었다.

▶ 秋九月 庚午朔 日食 (증보문헌비고 상위고 4)

201년
신라 내해이사금(奈解尼師今) 6년 신사(辛巳)
201년 3월 1일 정묘 (양: 201년 4월 21일)
▶ (春)三月 丁卯朔 日有食之 (삼국사기 신라본기 2)
(봄) 3월 초하루 정묘일에 일식이 있었다.[7]

▶ 春三月 丁卯朔 日食 (증보문헌비고 상위고 4)

212년
백제 초고왕(肖古王) 47년 임진(壬辰)
212년 6월 29일 경인 (양: 212년 8월 14일)
▶ 夏六月 庚寅晦 日有食之 (삼국사기 백제본기 1)
여름 6월 그믐(29일) 경인일에 일식이 있었다.

▶ 夏六月 庚寅晦 日食 (증보문헌비고 상위고 4)

219년
고구려 산상왕(山上王) 23년 기해(己亥)
219년 2월 30일 임자 (양: 219년 4월 2일)
▶ 春二月 壬子晦 日有食之 (삼국사기 고구려본기 4)
봄 2월 그믐(30일) 임자일에 일식이 있었다.

▶ 春二月 壬子晦 日食 (증보문헌비고 상위고 4)

---

6 그믐(5월 30일)은 임진일이며, 임신일은 (음) 5월 10일이다. 이 기사에서 임신일은 임진일의 오기로 보이며, 고구려 본기 기록에는 그믐을 임진일로 기록하고 있다.

7 3월에는 정묘일이 없다.

221년 백제 구수왕(仇首王) 8년 신축(辛丑)
221년 6월 29일 무진 (양: 221년 8월 5일)
▶ (夏)六月 戊辰晦 日有食之 (삼국사기 백제본기 2)
(여름) 6월 그믐(29일) 무진일에 일식이 있었다.

▶ 夏六月 戊辰晦 日食 (증보문헌비고 상위고 4)

222년 백제 구수왕(仇首王) 9년 임인(壬寅)
222년 11월 30일 경신 (양: 223년 1일 19일)
▶ (冬)十一月 庚申晦 日有食之 (삼국사기 백제본기 2)
(겨울) 11월 그믐(30일) 경신일에 일식이 있었다.

▶ 冬十一月 庚申晦 日食 (증보문헌비고 상위고 4)

256년 신라 첨해이사금(沾解尼師今) 10년 병자(丙子)
256년 10월 29일 임신 (양: 256년 12월 3일)
▶ 冬十月 晦 日有食之 (삼국사기 신라본기 2)
겨울 10월 그믐(29일)에 일식이 있었다.

▶ 冬十月 晦 日食 (증보문헌비고 상위고 4)

273년 고구려 서천왕(西川王) 4년 계사(癸巳)
273년 7월 1일 정유 (양: 273년 8월 1일)
▶ 秋七月 丁酉朔 日有食之 (삼국사기 고구려본기 5)
가을 7월 초하루 정유일에 일식이 있었다.

▶ 秋七月 丁酉朔 日食 (증보문헌비고 상위고 4)

308년 백제 비류왕(比流王) 5년 무진(戊辰)
308년 1월 1일 병오 (양: 308년 2월 8일)
▶ 春正月 丙子朔 日有食之 (삼국사기 백제본기 2)
봄 정월 초하루 병자일[8]에 일식이 있었다.

▶ 春正月 丙子朔 日食 (증보문헌비고 상위고 4)

335년   백제 비류왕(比流王) 32년 을미(乙未)
           335년 10월 1일 을미 (양: 335년 11월 2일)
           ▶ 冬十月 乙未朔 日有食之 (삼국사기 백제본기 2)
             겨울 10월 초하루 을미일에 일식이 있었다.

           ▶ 冬十月 乙未朔 日食 (증보문헌비고 상위고 4)

368년   백제 근초고왕(近肖古王) 23년 무진(戊辰)
           368년 3월 1일 정사 (양: 368년 4월 4일)
           ▶ 春三月 丁巳朔 日有食之 (삼국사기 백제본기 2)
             봄 3월 초하루 정사일에 일식이 있었다.

           ▶ 春三月 丁巳朔 日食 (증보문헌비고 상위고 4)

392년   백제 진사왕(辰斯王) 8년 임진(壬辰)
           392년 5월 1일 정묘 (양: 392년 6월 7일)
           ▶ 夏五月 丁卯朔 日有食之 (삼국사기 백제본기 3)
             여름 5월 초하루 정묘일에 일식이 있었다.

           ▶ 夏五月 丁卯朔 日食 (증보문헌비고 상위고 4)

400년   백제 아신왕(阿莘王) 9년 경자(庚子)
           400년 6월 1일 경진 (양: 400년 7월 8일)
           ▶ 夏六月 庚辰朔 日有食之 (삼국사기 백제본기 3)
             여름 6월 초하루 경진일에 일식이 있었다.

           ▶ 夏六月 庚辰朔 日食 (증보문헌비고 상위고 4)

---

8 정월 초하루(양: 2월 8일)는 병오(丙午)일이고, 2월 초하루(양: 3월 8일)가 병자일이다. 정월에는 병자일이 없어 子는 午의 오기로 보인다.

417년 백제 전지왕(腆支王) 13년 정사(丁巳)
417년 1월 1일 갑술 (양: 417년 2일 3일)
▶ 春正月 甲戌朔 日有食之 (삼국사기 백제본기 3)
봄 정월 초하루 갑술일에 일식이 있었다.

▶ 春正月 甲戌朔 日食 (증보문헌비고 상위고 4)

419년 백제 전지왕(腆支王) 15년 기미(己未)
419년 11월 1일 정해 (양: 419년 12월 3일)
▶ 冬十一月 丁亥朔 日有食之 (삼국사기 백제본기 3)
겨울 11월 초하루 정해일에 일식이 있었다.

▶ 冬十一月 丁亥朔 日食 (증보문헌비고 상위고 4)

440년 백제 비유왕(毗有王) 14년 경진(庚辰)
440년 4월 1일 무오 (양: 440년 5월 17일)
▶ 夏四月 戊午朔 日有食之 (삼국사기 백제본기 3)
여름 4월 초하루 무오일에 일식이 있었다.

▶ 夏四月 戊午朔 日食 (증보문헌비고 상위고 4)

468년 백제 개로왕(蓋鹵王) 14년 무신(戊申)
468년 10월 1일 계유 (양: 468년 11월 1일)
▶ 冬十月 癸酉朔 日有食之 (삼국사기 백제본기 3)
겨울 10월 초하루 계유일에 일식이 있었다.

▶ 冬十月 癸酉朔 日食 (증보문헌비고 상위고 4)

478년 백제 삼근왕(三斤王) 2년 무오(戊午)
478년 3월 1일 기유 (양: 478년 4월 19일)
▶ 春三月 己酉朔 日有食之 (삼국사기 백제본기 4)
봄 3월 초하루 기유일에 일식이 있었다.[9]

▶ 春三月 己酉朔 日食[10] (증보문헌비고 상위고 4)

495년　백제 동성왕(東城王) 17년 을해(乙亥)
　　　　　495년 5월 1일 갑술 (양: 495년 6월 14일)
　　　　　▶ 夏五月 甲戌朔 日有食之 (삼국사기 백제본기 4)
　　　　　여름 5월 초하루 갑술일에 일식이 있었다.[11]

　　　　　▶ 夏五月 甲戌朔 日食 (증보문헌비고 상위고 4)

516년　백제 무녕왕(武寧王) 16년 병신(丙申)
　　　　　516년 3월 1일 무진 (양: 516년 4월 18일)
　　　　　▶ 春三月 戊辰朔 日有食之 (삼국사기 백제본기 4)
　　　　　봄 3월 초하루 무진일에 일식이 있었다.

　　　　　▶ 春三月 戊辰朔 日食 (증보문헌비고 상위고 4)

547년　백제 성왕(聖王) 25년 정묘(丁卯)
　　　　　547년 1월 1일 기해 (양: 547년 2월 6일)
　　　　　▶ 春正月 己亥朔 日有食之 (삼국사기 백제본기 4)
　　　　　봄 정월 초하루 기해일에 일식이 있었다.

　　　　　▶ 春正月 己亥朔 日食 (증보문헌비고 상위고 4)

554년　고구려 양원왕(陽原王) 10년 갑술(甲戌)
　　　　　554년 12월 29일 신사 (양: 555년 2월 6일)
　　　　　▶ (冬)十二月 晦 日有食之 (삼국사기 고구려본기 7)
　　　　　(겨울) 12월 그믐(29일)에 일식이 있었다.

　　　　　▶ 冬十二月 晦 日食 (증보문헌비고 상위고 4)

---

9 삼근왕 3년(479년) 3월 초하루(양: 4월 8일) 계묘일에 금환일식이 일어났다. 오기로 의심된다.

10 증보문헌비고에서는 삼근왕 6년의 기사로 기록하고 있다.

11 동성왕 17년(495년) 5월 초하루(양: 6월 14일)는 기사일이고, 동성왕 16년(494년) 5월 초하루(양: 6월 19일)
　　가 갑술일이다. 동성왕 16년(음) 5월에 개기일식이 있었다.

559년 백제 위덕왕(威德王) 6년 기묘(己卯)
559년 5월 1일 정해 (양: 559년 5월 22일)
▶ 夏五月 丙辰朔 日有食之 (삼국사기 백제본기 5)
여름 5월 초하루 병진일에 일식이 있었다.[12]

▶ 夏五月 丙辰朔 日食 (증보문헌비고 상위고 4)

572년 백제 위덕왕(威德王) 19년 임진(壬辰)
572년 9월 1일 경자 (양: 572년 9월 23일)
▶ 秋九月 庚子朔 日有食之 (삼국사기 백제본기 5)
가을 9월 초하루 경자일에 일식이 있었다.

▶ 秋九月 庚子朔 日食 (증보문헌비고 상위고 4).

592년 백제 위덕왕(威德王) 39년 임자(壬子)
592년 7월 29일 임신 (양: 592년 9월 10일)
▶ 秋七月 壬申晦 日有食之 (삼국사기 백제본기 5)
가을 7월 그믐(29일) 임신일에 일식이 있었다.

▶ 秋七月 壬申晦 日食 (증보문헌비고 상위고 4)

787년 신라 원성왕(元聖王) 3년 정묘(丁卯)
787년 8월 1일 신사 (양: 787년 9월 16일)
▶ (秋)八月 辛巳朔 日有食之 (삼국사기 신라본기 10)
(가을) 8월 초하루 신사일에 일식이 있었다.

▶ 秋八月 辛巳朔 日食 (증보문헌비고 상위고 4)

789년 신라 원성왕(元聖王) 5년 기사(己巳)
789년 1월 1일 갑진 (양: 789년 1월 31일)
▶ 春正月 甲辰朔 日有食之 (삼국사기 신라본기 10)
봄 정월 초하루 갑진일에 일식이 있었다.

▶ 春正月 甲辰朔 日食 (증보문헌비고 상위고 4)

792년 신라 원성왕(元聖王) 8년 임신(壬申)
792년 11월 1일 임자 (양: 792년 11월 19일)
▶ 冬十一月 壬子朔 日有食之 (삼국사기 신라본기 10)
겨울 11월 초하루 임자일에 일식이 있었다.

▶ 冬十一月 壬子朔 日食 (증보문헌비고 상위고 4)

801년 신라 애장왕(哀莊王) 2년 신사(辛巳)
801년 5월 1일 임술 (양: 801년 6월 15일)
▶ 夏五月 壬戌朔 日當食不食 (삼국사기 신라본기 10)
여름 5월 초하루 임술일에 당연히 일식이 있어야 했으나 일식이 없었다.

808년 신라 애장왕(哀莊王) 9년 무자(戊子)
808년 7월 1일 신사 (양: 808년 7월 27일)
▶ 秋七月 辛巳朔 日有食之 (삼국사기 신라본기 10)
가을 7월 초하루 신사일에 일식이 있었다.

▶ 秋七月 辛巳朔 日食 (증보문헌비고 상위고 4)

815년 신라 헌덕왕(憲德王) 7년 을미(乙未)
815년 8월 1일 기해 (양: 815년 9월 7일)
▶ 秋八月 己亥朔 日有食之 (삼국사기 신라본기 10)
가을 8월 초하루 기해일에 일식이 있었다.

▶ 秋八月 己亥朔 日食 (증보문헌비고 상위고 4)

818년 신라 헌덕왕(憲德王) 10년 무술(戊戌)
818년 6월 1일 계축 (양: 818년 7월 7일)
▶ 夏六月 癸丑朔 日有食之 (삼국사기 신라본기 10)
여름 6월 초하루 계축일에 일식이 있었다.

▶ 夏六月 癸丑朔 日食 (증보문헌비고 상위고 4)

---

12 559년에 일식이 발생하지 않았다. 한편 5월 1일은 정해일이고, 윤 5월 1일 (양: 6월 20일)이 병진일이다.

836년   신라 흥덕왕(興德王) 11년 병진(丙辰)
836년 1월 1일 신축 (양: 836년 1월 22일)
▶ 春正月 辛丑朔 日有食之 (삼국사기 신라본기 10)
봄 정월 초하루 신축일에 일식이 있었다.

▶ 春正月辛丑朔 日食 (증보문헌비고 상위고 4)

844년   신라 문성왕(文聖王) 6년 갑자(甲子)
844년 2월 1일 갑인 (양: 844년 2월 22일)
▶ 春二月 甲寅朔 日有食之 (삼국사기 신라본기 11)
봄 2월 초하루 갑인일에 일식이 있었다.

▶ 春二月 甲寅朔 日食 (증보문헌비고 상위고 4)

888년   신라 진성왕(眞聖王) 2년 무신(戊申)
888년 3월 1일 무술 (양: 888년 4월 15일)
▶ 春三月 戊戌朔 日有食之 (삼국사기 신라본기 11)
봄 3월 초하루 무술일에 일식이 있었다.

▶ 春三月 戊戌朔 日食 (증보문헌비고 상위고 4)

911년   신라 효공왕(孝恭王) 15년 신미(辛未)
911년 1월 1일 병술 (양: 911년 2월 2일)
▶ 春正月 丙戌朔 日有食之 (삼국사기 신라본기 12)
봄 정월 초하루 병술일에 일식이 있었다.

▶ 春正月丙戌朔 日食 (증보문헌비고 상위고 4)

2. 월성식(달의 엄범掩犯)

153년 고구려 차대왕(次大王) 8년 계사(癸巳)
153년 12월 30일 경오 (양: 154년 1월 31일)
▶ 冬十二月 ... 晦 客星犯月 (삼국사기 고구려본기 3)
겨울 12월 그믐(30일)에 객성(客星)이 달을 범하였다.

▶ 冬十二月 晦 客星犯月 (증보문헌비고 상위고 6)

205년 신라 내해이사금(奈解尼師今) 10년 을유(乙酉)
205년 7월 (양: 205년 8월)
▶ 秋七月 太白犯月 (삼국사기 신라본기 2)
가을 7월에 금성[太白]이 달을 범하였다.

▶ 秋七月 月犯太白 (증보문헌비고 상위고 4)

205년 백제 초고왕(肖古王) 40년 을유(乙酉)
205년 7월 (양: 205년 8월)
▶ (秋)七月太白犯月 (삼국사기 백제본기 1)
(가을) 7월에 금성[太白]이 달을 범하였다.

▶ 秋七月 月犯太白 (증보문헌비고 상위고 4)

249년 백제 고이왕(古爾王) 16년 기사(己巳)
249년 1월 6일 갑오 (양: 249년 2월 5일)
▶ 春正月 甲午 太白襲月 (삼국사기 백제본기 2)
봄 정월 갑오일에 금성[太白]이 달을 가렸다.

▶ 春正月 甲午 月掩太白 (증보문헌비고 상위고 4)

299년 고구려 봉상왕(烽上王) 8년 기미(己未)
299년 9월 (양: 299년 10월)
▶ 秋九月 客星犯月 (삼국사기 고구려본기 5)
가을 9월 객성(客星)이 달을 범하였다.

▶ 秋九月 客星犯月 (증보문헌비고 상위고 6)

484년 신라 소지마립간(炤知麻立干) 6년 갑자(甲子)
484년 3월 (양: 484년 4월)
▶ (春)三月 土星犯月 (삼국사기 신라본기 3)
(봄) 3월에 토성(土星)이 달을 범하였다.

▶ 春三月 月犯土星 (증보문헌비고 상위고 4)

631년 신라 진평왕(眞平王) 53년 신묘(辛卯)
631년 7월 (양: 631년 8월)
▶ 秋七月 … 土星犯月 (삼국사기 신라본기 4)
가을 7월에 토성(土星)이 달을 범하였다.

▶ 秋七月 月犯土星 (증보문헌비고 상위고 4)

671년 신라 문무왕(文武王) 10년 경오(庚午)
670년 12월 (양: 671년 1월)
▶ 冬十二月 土星掩月 (삼국사기 신라본기 6)
겨울 12월에 토성(土星)이 달을 가렸다.

▶ 冬十二月 月掩土星 (증보문헌비고 상위고 4)

679년 신라 문무왕(文武王) 19년 기묘(己卯)
679년 6월 (양: 679년 7월)
▶ 夏六月 太白入月 流星犯參大星 (삼국사기 신라본기 7)
여름6월에 금성[太白]이 달에 들어가고, 유성(流星)이 삼대성(參大星)[13]을 범하였다.

▶ 夏六月 月掩太白 (증보문헌비고 상위고 4)

679년 신라 문무왕(文武王) 19년 기묘(己卯)
679년 8월 (양: 679년 9월)
▶ 秋八月 太白入月 (삼국사기 신라본기 7)
가을 8월에 금성[太白]이 달에 들어갔다.

▶ 秋八月月掩太白 (증보문헌비고 상위고 4)

682년 신라 신문왕(神文王) 2년 임오(壬午)
682년 5월 (양: 682년 6월)
▶ (夏)五月 太白犯月 (삼국사기 신라본기 8)
(여름) 5월에 금성[太白]이 달을 범하였다.

▶ 夏五月 月犯太白 (증보문헌비고 상위고 4)

700년 신라 효소왕(孝昭王) 9년 경자(庚子)
700년 6월 (양: 700년 7월)
▶ (夏)六月 歲星入月 (삼국사기 신라본기 8)
(여름) 6월에 목성[歲星]이 달에 들어갔다.

▶ 夏六月 月掩歲星 (증보문헌비고 상위고 4)

708년 신라 성덕왕(聖德王) 7년 무신(戊申)
708년 4월 (양: 708년 5월)
▶ 夏四月 鎭星犯月 (삼국사기 신라본기 8)
여름 4월 토성[鎭星]이 달을 범하였다.

▶ 夏四月 月犯鎭星 (증보문헌비고 상위고 4)

---

13 삼대성(參大星)은 서방칠수 중 7번째인 삼수(參宿)에 속한 별로, 베텔게우스(Betelgeus, α Ori), 리겔(Rigal, β Ori) 또는 민타카(Mintaka, δ Ori)를 지칭하는 것으로 보인다.
14 필(畢)은 서방칠수 중 5번째인 필수(畢宿)에 속한 별자리로 畢八이며, 현대의 황소자리(Taurus)에 해당한다.

735년 신라 성덕왕(聖德王) 34년 을해(乙亥)
735년 1월 (양: 735년 2월)
▶ 春正月 熒惑犯月 (삼국사기 신라본기 8)
봄 정월에 화성[熒惑]이 달을 범하였다.

▶ 春正月 月犯熒惑 (증보문헌비고 상위고 4)

779년 신라 혜공왕(惠恭王) 15년 기미(己未)
779년 3월 (양: 779년 4월)
▶ 春三月 ... 太白入月 (삼국사기 신라본기 9)
봄 3월에 금성[太白]이 달에 들어갔다.

▶ 春三月 月掩太白 (증보문헌비고 상위고 4)

801년 신라 애장왕(哀莊王) 2년 신사(辛巳)
801년 9월 (양: 801년 10월)
▶ 秋九月 熒惑入月 星隕如雨 (삼국사기 신라본기 10)
가을 9월에 화성[熒惑]이 달에 들어가고 별이 비오듯 떨어졌다.

▶ 秋九月 月掩熒惑 (증보문헌비고 상위고 4)
가을 9월에 달이 화성[熒惑]에 들어갔다.

809년 신라 애장왕(哀莊王) 10년 기축(己丑)
809년 1월 (양: 809년 2월)
▶ 春正月 月犯畢 (삼국사기 신라본기 10)
정월에 달이 필(畢)[14]을 범하였다.

836년 신라 흥덕왕(興德王) 11년 병진(丙辰)
836년 7월 (양: 836년 8월)
▶ 秋七月 太白犯月 (삼국사기 신라본기 10)
가을 7월 금성[太白]이 달을 범하였다.

▶ 秋七月 太白犯月 (동국통감 권 11 신라기)

▶ 秋七月 月犯太白 (증보문헌비고 상위고 4)

850년 신라 문성왕(文聖王) 12년 경오(庚午)
850년 1월 (양: 850년 2월)
▶ 春正月 土星入月 (삼국사기 신라본기 11)
봄 정월에 토성(土星)이 달에 들어갔다.

▶ 春正月 月掩土星 (증보문헌비고 상위고 4)

855년 신라 문성왕(文聖王) 17년 을해(乙亥)
855년 12월 (양: 856년 1월)
▶ 冬十二月 … 土星入月 (삼국사기 신라본기 11)
겨울 12월에 토성(土星)이 달에 들어갔다.

▶ 冬十二月 月犯土星 (증보문헌비고 상위고 4)

880년 신라 헌강왕(憲康王) 6년 경자(庚子)
880년 2월 (양: 880년 3월)
▶ 春二月 太白犯月 (삼국사기 신라본기 11)
봄 2월에 금성[太白]이 달을 범하였다.

▶ 春二月 月犯太白 (증보문헌비고 상위고 4)

917년 신라 신덕왕(神德王) 6년 정축(丁丑)
917년 1월 (양: 917년 2월)
▶ 春正月 太白犯月 (삼국사기 신라본기 12)
봄 정월에 금성[太白]이 달을 범하였다.

▶ 春正月 月犯太白 (증보문헌비고 상위고 4)

3. 행성현상(행성의 엄범掩犯과 합취合聚)

기원전   고구려 유리왕(琉璃王) 13년 갑인(甲寅)
7년   기원전 7년 1월 (양: 기원전 7년 2월)
    ▶ 春正月 熒惑守心星 (삼국사기 고구려본기 1)
     봄 정월에 화성[熒惑]이 심성(心星)[15]에 머물렀다.

    ▶ 春正月 熒惑守心 (증보문헌비고 상위고 5)

23년   신라 남해차차웅(南解次次雄) 20년 계미(癸未)
    23년 9월 (양: 23년 10월)
    ▶ 秋 太白入大微 (삼국사기 신라본기 1)
     가을에 금성[太白]이 태미(太微)[16]로 들어갔다.

    ▶ 秋 太白入太微 (증보문헌비고 상위고 5)

137년   백제 개루왕(蓋婁王) 10년 정축(丁丑)
    137년 8월 25일 경자 (양: 137년 9월 27일)
    ▶ 秋八月 庚子 熒惑犯南斗 (삼국사기 백제본기 1)
     가을 8월 경자일에 화성[熒惑]이 남두(南斗)[17]를 범하였다.

    ▶ 秋八月 庚子 熒惑犯南斗 (증보문헌비고 상위고 5)

---

15 심(心)은 동방칠수 중 5번째인 심수(心宿)에 속한 별자리로 心三이며, 특히 심성(心星)은 심대성(心大星)으로 현대의 전갈자리 알파별, 안타레스(Antares, α Sco)에 해당한다.
16 태미(太微)는 태미원(太微垣) 또는 그에 속한 별자리로 左太微五와 右太微五이며, 각각 현대의 처녀자리 (Virgo)와 사자자리(Leo)에 해당한다.
17 남두(南斗)는 북방칠수 중 1번째인 두수(斗宿)에 속한 별자리로 南斗六이며, 현대의 궁수자리(Sagittarius) 에 해당한다.

143년 신라 일성이사금(逸聖尼師今) 10년 계미(癸未)
143년 6월 24일 을축 (양: 143년 7월 23일)
▶ 夏六月 乙丑 熒惑犯鎭星 <small>(삼국사기 신라본기 1)</small>
여름 6월 을축일에 화성[熒惑]이 토성[鎭星]을 범하였다.

▶ 夏六月 乙丑 熒惑犯鎭星 <small>(증보문헌비고 상위고 4)</small>

149년 고구려 차대왕(次大王) 4년 기축(己丑)
149년 5월 (양: 149년 7월)
▶ (夏)五月 五星聚於東方 <small>(삼국사기 고구려본기 3)</small>
(여름) 5월에 오행성이 동쪽에 모였다.

▶ 夏五月 五星聚於東方 <small>(증보문헌비고 상위고 5)</small>

150년 고구려 차대왕(次大王) 5년 경인(庚寅)
150년 2월 (양: 150년 3월)
▶ 補二月 五星聚於東方 <small>(증보문헌비고 상위고 5)</small>
2월에 오행성이 동쪽에 모였다.

186년 고구려 고국천왕(故國川王) 8년 병인(丙寅)
186년 4월 22일 을묘 (양: 186년 5월 28일)
▶ 夏四月 乙卯 熒惑守心 <small>(삼국사기 고구려본기 4)</small>
여름 4월 을묘일에 화성[熒惑]이 심(心)[15]에 머물렀다.

▶ 夏四月 乙卯 熒惑守心 <small>(증보문헌비고 상위고 5)</small>

534년 백제 성왕(聖王) 12년 갑인(甲寅)
534년 4월 15일 정묘 (양: 534년 5월 13일)
▶ 夏四月 丁卯 熒惑犯南斗 <small>(삼국사기 백제본기 4)</small>
여름 4월 정묘일에 화성[熒惑]이 남두(南斗)[17]를 범하였다.

▶ 夏四月 丁卯 熒惑犯南斗 <small>(증보문헌비고 상위고 5)</small>

679년 신라 문무왕(文武王) 19년 기묘(己卯)
679년 4월 (양: 679년 5월)
▶ 夏四月 熒惑守羽林 (삼국사기 신라본기 7)
여름 4월 화성[熒惑]이 우림(羽林)[18]에 머물렀다.

▶ 夏四月 熒惑守羽林 (증보문헌비고 상위고 5)

715년 신라 성덕왕(聖德王) 14년 을묘(乙卯)
715년 9월 (양: 715년 10월)
▶ 秋九月 太白掩庶子星 (삼국사기 신라본기 8)
가을 9월 금성[太白]이 서자성(庶子星)[19]을 가리웠다.

▶ 秋九月 太白掩庶子 (증보문헌비고 상위고 5)

740년 신라 효성왕(孝成王) 4년 경진(庚辰)
740년 5월 (양: 740년 6월)
▶ 夏五月 鎭星犯軒轅大星 (삼국사기 신라본기 9)
여름 5월에 토성[鎭星]이 헌원대성(軒轅大星)[20]을 범하였다.

▶ 夏五月 鎭星犯軒轅大星 (증보문헌비고 상위고 5)

790년 신라 원성왕(元聖王) 6년 경오(庚午)
790년 4월 (양: 790년 5월)
▶ 夏四月 太白辰星 聚于東井 (삼국사기 신라본기 10)
여름 4월에 금성[太白]과 수성[辰星]이 동정(東井)[21]에 모였다.

▶ 夏四月 太白辰星 聚于東井 (증보문헌비고 상위고 5)

844년 신라 문성왕(文聖王) 6년 갑자(甲子)
844년 2월 (양: 844년 3월)
▶ (春二月) 太白犯鎭星 (삼국사기 신라본기 11)
(봄 2월) 금성[太白]이 토성[鎭星]을 범하였다.

▶ 春二月 太白犯鎭星 (증보문헌비고 상위고 4)

867년 신라 경문왕(景文王) 7년 정해(丁亥)

867년 12월 (양: 868년 1월)

▶ (冬)十二月 客星犯太白 <small>(삼국사기 신라본기 11)</small>

(겨울) 12월 객성(客星)이 금성[太白]을 범했다.

▶ 冬十二月 客星犯太白 <small>(증보문헌비고 상위고 6)</small>

---

18 우림(羽林)은 북방칠수 중 6번째인 실수(室宿)에 속한 별자리로 羽林四十五이며, 현대의 물병자리(Aquarius)에 해당한다.

19 서자성(庶子星)은 동방칠수 중 5번째인 심수(心宿)에 속한 별자리로 太子-明堂-庶子로 구성되어 있으며 현대의 전갈자리(Scorpius)에 해당한다. 자미원(紫微垣) 내의 북극오(北極五)의 3째 별도 서자(庶子)이나 금성의 궤도와 거리가 멀다.

20 헌원대성(軒轅大星)은 軒轅十七에 속한 밝은 별로 현대의 레굴루스(Regulus, α Leo)에 해당한다. 헌원(軒轅)은 남방칠수 중 4번째인 성수(星宿)에 속한 별자리로 軒轅十七이며, 현대의 사자자리(Leo)에 해당한다.

21 동정(東井)은 남방칠수 중 1번째인 각수(井宿)에 속한 별자리로 東井八이며, 현대의 쌍둥이자리(Gemini)에 해당한다.

4. 낮에 보인 금성(태백주현太白晝見)

200년　신라 내해이사금(奈解尼師今) 5년 경진(庚辰)
　　　　200년 7월 (양: 200년 8월)
　　　　▶ 秋七月 太白晝見 (삼국사기 신라본기 2)
　　　　　가을 7월에 금성[太白]이 낮에 보였다.

　　　　▶ 秋七月 太白晝見 (증보문헌비고 상위고 6)

224년　백제 구수왕(仇首王) 11년 갑진(甲辰)
　　　　224년 10월 (양: 224년 11월)
　　　　▶ (冬)十月 太白晝見 (삼국사기 백제본기 2)
　　　　　(겨울) 10월 금성[太白]이 낮에 보였다.

　　　　▶ (冬)十月 太白晝見 (증보문헌비고 상위고 6)

321년　백제 비류왕(比流王) 18년 신사(辛巳)
　　　　321년 7월 (양: 321년 8월)
　　　　▶ 秋七月 太白晝見 (삼국사기 백제본기 2)
　　　　　가을 7월에 금성[太白]이 낮에 보였다.

　　　　▶ 秋七月 太白晝見 (동국통감 권 3 삼국기)

　　　　▶ 秋七月 太白晝見 (증보문헌비고 상위고 6)

394년 백제 아신왕(阿莘王) 3년 갑오(甲午)
394년 7월 (양: 394년 8월)
▶ 秋七月 太白晝見 <small>(삼국사기 백제본기 3)</small>
　가을 7월에 금성[太白]이 낮에 보였다.

▶ 秋七月 太白晝見 <small>(증보문헌비고 상위고 6)</small>

555년 고구려 양원왕(陽原王) 11년 을해(乙亥)
555년 11월 (양: 555년 12월)
▶ (冬) 十一月 太白晝見 <small>(삼국사기 고구려본기 7)</small>
　(겨울) 11월 금성[太白]이 낮에 보였다.

▶ 冬十一月 太白晝見 <small>(증보문헌비고 상위고 6)</small>

787년 신라 원성왕(元聖王) 3년 정묘(丁卯)
787년 5월 (양: 787년 6월)
▶ 夏五月 太白晝見 <small>(삼국사기 신라본기 10)</small>
　여름 5월 금성[太白]이 낮에 보였다.

▶ 夏五月 太白晝見 <small>(증보문헌비고 상위고 6)</small>

827년 신라 흥덕왕(興德王) 2년 정미(丁未)
827년 8월 (양: 827년 9월)
▶ 秋八月 太白晝見 <small>(삼국사기 신라본기 10)</small>
　가을 8월에 금성[太白]이 낮에 보였다.

▶ 秋八月 太白晝見 <small>(증보문헌비고 상위고 6)</small>

885년 신라 헌강왕(憲康王) 11년 을사(乙巳)
885년 10월 1일 임자 (양: 885년 11월 11일)
▶ 冬十月 壬子 太白晝見 <small>(삼국사기 신라본기 11)</small>
　겨울 10월 임자일에 금성[太白]이 낮에 보였다.

▶ 冬十月 太白晝見 <small>(동국통감 권 11 신라기)</small>

▶ 冬十月 壬子 太白晝見 <small>(증보문헌비고 상위고 6)</small>

5. 혜성과 객성

기원전 49년 신라 혁거세거서간(赫居世居西干) 9년 임신(壬申)
기원전 49년 3월 (양: 기원전 49년 4월)

▶ 春三月 有星孛于王良 (삼국사기 신라본기 1)
봄 3월에 혜성[星孛]이 왕량[22]에 나타났다.

▶ 春三月 有星孛于王良 (증보문헌비고 상위고 6)

기원전 44년 신라 혁거세거서간(赫居世居西干) 14년 정축(丁丑)
기원전 44년 4월 (양: 기원전 44년 5월)

▶ 夏四月 有星孛于參 (삼국사기 신라본기 1)
여름 4월에 혜성[星孛]이 삼(參)[23]에 나타났다.

▶ 夏四月 有星孛于參 (증보문헌비고 상위고 6)

기원전 4년 신라 혁거세거서간(赫居世居西干) 54년 정사(丁巳)
기원전 4년 2월 27일 기유 (양: 기원전 4년 3월 24일)

▶ 春二月 己酉 星孛于河鼓 (삼국사기 신라본기 1)
봄 2월 기유일(27일)에 혜성[星孛]이 하고(河鼓)[24]에 나타났다.

▶ 春二月 己酉 星孛于河鼓 (증보문헌비고 상위고 6)

---

22 왕량(王良)은 서방칠수 중 1번째인 규수(奎宿)에 있는 별자리로 王良五이며, 현대의 카시오페이아자리(Cassiopeia)이며, 세다(Schedar, α Cas)와 카프(Caph, β Cas)를 포함하고 있다.

23 삼(參)은 서방칠수 중 7번째인 삼수(參宿)에 속한 별자리로 參十이며, 현대의 오리온자리(Orion)에 해당한다.

24 하고(河鼓)는 북방칠수 중 2번째인 우수(牛宿)에 속한 별자리로 河鼓三이며, 현대의 독수리자리(Aquila)에 해당한다.

46년 고구려 민중왕(閔中王) 3년 병오(丙午)
  46년 11월 (양: 46년 12월)
  ▶ 冬十一月 星孛于南 二十日而滅 (삼국사기 고구려본기 2)
  겨울 11월에 혜성[星孛]이 남쪽에 나타나 20일 만에 없어졌다.

  ▶ 冬十一月 星孛于南 二十日而滅 (증보문헌비고 상위고 6)

54년 신라 유리이사금(儒理尼師今) 31년 갑인(甲寅)
  54년 2월 (양: 54년 3월)
  ▶ 春二月 星孛于紫宮 (삼국사기 신라본기 1)
  봄 2월에 혜성[星孛]이 자궁(紫宮)[25]에 나타났다.

  ▶ 春二月 星孛于紫宮 (증보문헌비고 상위고 6)

59년 신라 탈해이사금(脫解尼師今) 3년 기미(己未)
  59년 6월 (양: 59년 7월)
  ▶ (夏)六月 有星孛于天船 (삼국사기 신라본기 1)
  (여름) 6월 혜성[星孛]이 천선(天船)[26]에 나타났다.

  ▶ 夏六月 有星孛于天船 (증보문헌비고 상위고 6)

79년 신라 탈해이사금(脫解尼師今) 23년 기묘(己卯)
  79년 2월 (양: 79년 4월)
  ▶ 春二月 彗星見東方 又見北方 二十日乃滅 (삼국사기 신라본기 1)
  봄 2월 혜성(彗星)이 동쪽에서 보이고 또 북쪽에서 보이더니 20일 만에야
  없어졌다.

  ▶ 春二月 彗星見東方 又見北方 二十日乃滅 (증보문헌비고 상위고 6)

---

25 자궁(紫宮)은 자미원(紫微垣) 또는 (左)紫微八과 (右)紫微七을 포함하여 그 안에 속한 北極五, 四輔四, 九
  陳六, 天皇大帝, 女御宮四, 女史, 桂下史, 尚書五, 天理二, 陰德, 六甲 杠九 등을 모두 말하며, 각각 현대의
  용자리(Draco)와 작은곰자리(Ursa Minor)에 해당한다.
26 천선(天船)은 서방칠수 중 3번째인 위수(胃宿)에 속한 별자리로 天船九이며, 현대의 페르세우스자리(Perseus)
  에 해당한다.

85년 백제 기루왕(己婁王) 9년 을유(乙酉)

85년 4월 을사 (양: 85년 5월)

▶ 夏四月 乙巳 客星入紫微 (삼국사기 백제 본기 1)
여름 4월 을사일[27]에 객성(客星)이 자미(紫微)[28]로 들어갔다.

▶ 夏四月 乙巳 客星入紫微 (증보문헌비고 상위고 6)

85년 신라 파사이사금(婆娑尼師今) 6년 을유(乙酉)

85년 4월 (양: 85년 5월)

▶ 夏四月 客星入紫微 (삼국사기 신라본기 1)
여름 4월에 객성(客星)이 자미(紫微)[28]로 들어갔다.

▶ 夏四月 客星入紫微 (증보문헌비고 상위고 6)

128년 신라 지마이사금(祇摩尼師今) 17년 무진(戊辰)

128년 8월 (양: 128년 9월)

▶ 秋八月 長星竟天 (삼국사기 신라본기 1)
가을 8월 혜성[長星]이 하늘 끝까지 뻗쳤다.

▶ 秋八月 長星竟天 (증보문헌비고 상위고 6)

149년 신라 일성이사금(逸聖尼師今) 16년 기축(己丑)

149년 8월 (양: 149년 9월)

▶ 秋八月 有星孛于天市 (삼국사기 신라본기 1)
가을 8월 혜성[星孛]이 천시(天市)[29]에 나타났다.

▶ 秋八月 有星孛于天市 (증보문헌비고 상위고 6)

---

27 4월에 을사일은 없다. 己巳일(20일)의 오기일 수 있다.

28 자미(紫微)는 자미원(紫微垣) 또는 그에 속한 紫微八과 紫微七이며, 현대의 용자리(Draco)와 작은 곰자리 (Ursa Minor)에 해당한다.

29 천시(天市)는 천시원(天市垣) 전체 또는 天市東垣十一과 天市十一을 말하는 것 같으며, 각각 현대의 땅꾼자리 (Ophiuchus)와 뱀자리(Serpens)에 해당한다.

153년 신라 일성이사금(逸聖尼師今) 20년 계사(癸巳)
153년 10월 (양: 153년 11월)
▶ 冬十月 ... 彗星見東方 于見東北方 <small>(삼국사기 신라본기 1)</small>
겨울 10월 ... 혜성(彗星)이 동쪽에 나타났고, 또 동북쪽에도 나타났다.

▶ 冬十月 彗星見東方 又見東北方 <small>(동국통감 권 2 삼국기)</small>

▶ 冬十月 ... 彗星見東方 又見東北方 <small>(증보문헌비고 상위고 6)</small>

153년 고구려 차대왕(次大王) 8년 계사(癸巳)
153년 12월 30일 경오 (양: 154년 1월 31일)
▶ 冬十二月 ... 晦 客星犯月 <small>(삼국사기 고구려본기 3)</small>
겨울 12월 그믐(30일)에 객성(客星)이 달을 범하였다.

▶ 冬十二月 晦 客星犯月 <small>(증보문헌비고 상위고 6)</small>

158년 고구려 차대왕(次大王) 13년 무술(戊戌)
158년 2월 (양: 158년 3월)
▶ 春二月 星孛于北斗 <small>(삼국사기 고구려본기 3)</small>
봄 2월에 혜성[星孛]이 북두(北斗)[30]에 나타났다.

▶ 春二月 星孛于北斗 <small>(증보문헌비고 상위고 6)</small>

182년 고구려 고국천왕(故國川王) 4년 임술(壬戌)
182년 7월 (양: 182년 8월)
▶ 秋七月 星孛于大微 <small>(삼국사기 고구려본기 4)</small>
가을 7월 혜성[星孛]이 태미(太微)[31]에 나타났다.

▶ 秋七月 星孛于太微 <small>(증보문헌비고 상위고 6)</small>

---

30 북두(北斗)는 자미원(紫微垣)에 속한 별자리로 北斗六이며, 현대의 큰곰자리(Ursa Major)에 해당한다.
31 태미(太微)는 앞의 16 참조.

186년 백제 초고왕(肖古王) 21년 병인(丙寅)
　　　　186년 10월 (양: 186년 11월)
　　　▶ 冬十月 … 星孛于西北 二十日而滅 <small>(삼국사기 백제본기 1)</small>
　　　　겨울 10월 … 혜성[星孛]이 서북쪽에 나타났다가 20일 만에 없어졌다.

　　　▶ 冬十月 星孛于西北 二十日而滅 <small>(증보문헌비고 상위고 6)</small>

191년 백제 초고왕(肖古王)　26년 신미(辛未)
　　　　191년 9월 (양: 191년 10월)
　　　▶ 秋九月 蚩尤旗見于角亢 <small>(삼국사기 백제본기 1)</small>
　　　　가을 9월 혜성[蚩尤旗]이 각(角)[32]과 항(亢)[33]에 보였다.

　　　▶ 秋九月 蚩尤旗見于角亢 <small>(증보문헌비고 상위고 6)</small>

191년 신라 벌휴이사금(伐休尼師今) 8년 신미(辛未)
　　　　191년 9월 (양: 191년 10월)
　　　▶ 秋九月 蚩尤旗見于角亢 <small>(삼국사기 신라본기 2)</small>
　　　　가을 9월에 혜성[蚩尤旗]이 각(角)[32]과 항(亢)[33]에 보였다.

　　　▶ 秋九月 蚩尤旗見于角亢 <small>(증보문헌비고 상위고 6)</small>

204년 백제 초고왕(肖古王) 39년 갑신(甲申)
　　　　204년 10월 (양: 204년 11월)
　　　▶ 冬十月 星孛于東井 <small>(삼국사기 백제본기 1)</small>
　　　　겨울 10월 혜성[星孛]이 동정(東井)[34]에 나타났다.

　　　▶ 冬十月 星孛于東井 <small>(증보문헌비고 상위고 6)</small>

---

32 각(角)은 동방칠수 중 1번째인 각수(角宿)에 속한 별자리로 左角二이고, 현대의 처녀자리(Virgo)에 해당한다.
33 항(亢)은 동방칠수 중 2번째인 항수(亢宿)에 속한 별자리로 亢四이며, 현대의 처녀자리(Virgo)에 해당한다.
34 동정(東井)은 앞의 21 참조.

217년   고구려 산상왕(山上王) 21년 정유(丁酉)
217년 10월 (양: 217년 12월)

▶ 冬十月 星孛于東北 (삼국사기 고구려본기 4)
겨울 10월 혜성[星孛]이 동북쪽에 나타났다.

▶ 冬十月 星孛于東北 (증보문헌비고 상위고 6)

260년   신라 첨해이사금(沾解尼師今) 14년 경진(庚辰)
260년 7월 (양: 260년 8월)

▶ 秋七月 星孛于東方二十五日而滅 (삼국사기 신라본기 2)
가을 7월 혜성[星孛]이 동쪽에 나타나 있다가 25일 만에 사라졌다.

▶ 秋七月 新羅 有星孛于東方二十五日而滅 (동국통감 권 3 삼국기)

▶ 秋七月 星孛于東方二十五日而滅 (증보문헌비고 상위고 6)

269년   백제 고이왕(古爾王) 36년 기축(己丑)
269년 9월 (양: 269년 10월)

▶ 秋九月 星孛于紫宮 (삼국사기 백제본기 2)
가을 9월 혜성[星孛]이 자궁(紫宮)[35]에 나타났다.

▶ 秋九月 星孛于紫宮 (증보문헌비고 상위고 6)

299년   고구려 봉상왕(烽上王) 8년 기미(己未)
299년 9월 (양: 299년 10월)

▶ 秋九月 客星犯月 (삼국사기 고구려본기 5)
가을 9월 객성(客星)이 달을 범하였다.

▶ 秋九月 客星犯月 (증보문헌비고 상위고 6)

---

35 자궁(紫宮)은 앞의 25 참조.

300년 고구려 미천왕(美川王) 1년 경신(庚申)
300년 12월 (양: 301년 1월)
  ▶ 冬十二月 星孛于東方 (삼국사기 고구려본기 5)
    겨울 12월 혜성[星孛]이 동쪽에 나타났다.

  ▶ 冬十二月 星孛于東方 (증보문헌비고 상위고 6)

302년 백제 분서왕(汾西王) 5년 임술(壬戌)
302년 4월 (양: 302년 5월)
  ▶ 夏四月 彗星晝見 (삼국사기 백제본기 2)
    여름 4월 혜성(彗星)이 대낮에 보였다.

  ▶ 夏四月 彗星晝見 (동국통감 권 3 삼국기)

  ▶ 夏四月 彗星晝見 (증보문헌비고 상위고 6)

315년 고구려 미천왕(美川王) 16년 을해(乙亥)
315년 8월 (양: 315년 9월)
  ▶ 秋八月 星孛于東北 (삼국사기 고구려본기 5)
    가을 8월 혜성[星孛]이 동북쪽에 나타났다.

  ▶ 秋八月 星孛于東北 (증보문헌비고 상위고 6)

336년 백제 비류왕(比流王) 33년 병신(丙申)
336년 1월 18일 신사 (양: 336년 2월 16일)
  ▶ 春正月 辛巳 彗星見于奎 (삼국사기 백제본기 2)
    봄 정월 신사일에 혜성(彗星)이 규(奎)[36]에 나타났다.

  ▶ 春正月 辛巳 彗星見于奎 (증보문헌비고 상위고 6)

---

[36] 규(奎)는 서방칠수 중 1번째인 규수(奎宿)에 속한 별자리로 奎十六이며, 현대의 안드로메다자리(Andro-meda)에 해당한다.
[37] 북하(北河)는 남방칠수 중 1번째인 정수(井宿)에 속한 별자리로 北河三이며, 현대의 쌍둥이 자리(Gemini)의 카스트로(Castor, α Gem), 폴룩스(Pollux, β Gem)에 해당한다.
[38] 루(婁)는 서방칠수 중 2번째인 루수(婁宿)에 속한 별자리로 婁三이며, 현대의 양자리(Aries)에 해당한다.

383년   고구려 소수림왕(小獸林王) 13년 계미(癸未)
　　　　383년 9월 (양: 383년 10월)
　　　　▶ 秋九月 星孛于西北 (삼국사기 고구려본기 6)
　　　　가을 9월 혜성[星孛]이 서북쪽에 나타났다.

　　　　▶ 秋九月 星孛于西北 (증보문헌비고 상위고 6)

390년   백제 진사왕(辰斯王) 6년 경인(庚寅)
　　　　390년 7월 (양: 390년 8월)
　　　　▶ 秋七月 星孛于北河 (삼국사기 백제본기 3)
　　　　가을 7월에 혜성[星孛]이 북하(北河)[37]에 나타났다.

　　　　▶ 秋七月 星孛于北河 (증보문헌비고 상위고 6)

395년   백제 아신왕(阿莘王) 4년 을미(乙未)
　　　　395년 2월 (양: 395년 3월)
　　　　▶ 春二月 星孛于西北 二十日而滅 (삼국사기 백제본기 3)
　　　　봄 2월에 혜성[星孛]이 서북쪽에 나타나서 20일 만에 사라졌다.

　　　　▶ 春二月 星孛于西北 二十日而滅 (증보문헌비고 상위고 6)

400년   백제 아신왕(阿莘王) 9년 경자(庚子)
　　　　400년 2월 (양: 400년 3월)
　　　　▶ 春二月 星孛于奎婁 (삼국사기 백제본기 3)
　　　　봄 2월에 혜성[星孛]이 규(奎)[36]와 루(婁)[38]에 나타났다.

　　　　▶ 春二月 星孛于奎婁 (증보문헌비고 상위고 6)

400년   신라 내물이사금(奈勿尼師今) 45년 경자(庚子)
　　　　400년 8월 (양: 400년 9월)
　　　　▶ 秋八月 星孛于東方 (삼국사기 신라본기 3)
　　　　가을 8월 혜성[星孛]이 동쪽에 나타났다.

　　　　▶ 秋八月 星孛于東方 (증보문헌비고 상위고 6)

415년 백제 전지왕(腆支王) 11년 을묘(乙卯)
415년 5월 2일 갑신 (양: 415년 6월 24일)
▶ 夏五月 甲申 彗星見 (삼국사기 백제본기 3)
여름 5월 갑신일에 혜성(彗星)이 보였다.

▶ 夏五月 甲申 彗星見 (증보문헌비고 상위고 6)

419년 백제 전지왕(腆支王) 15년 기미(己未)
419년 1월 7일 무술 (양: 419년 2월 17일)
▶ 春正月 戊戌 星孛于大微 (삼국사기 백제본기 3)
봄 정월 무술일에 혜성[星孛]이 태미(太微)[39]에 나타났다.

▶ 春正月 戊戌 星孛于太微 (증보문헌비고 상위고 6)

454년 백제 비유왕(毗有王) 28년 갑오(甲午)
454년 (양: 454년)
▶ 星隕如雨 星孛于西北 長二丈許 (삼국사기 백제본기 3)
별이 비오듯 쏟아졌다. 혜성[星孛]이 서북쪽에 나타났는데 길이가
2장(二丈) 정도 되었다.

▶ 星孛于西北 長二丈許 (증보문헌비고 상위고 6)

467년 신라 자비마립간(慈悲麻立干) 10년 정미(丁未)
467년 9월 (양: 467년 10월)
▶ 秋九月 天赤 大星自北流東南 (삼국사기 백제본기 3)
가을 9월 하늘이 붉어지더니 큰 별[大星]이 북쪽에서 동남쪽으로 흘렀다.

▶ 秋九月 天赤 大星自北流東南 (증보문헌비고 상위고 6)

579년 백제 위덕왕(威德王) 26년 기해(己亥)
579년 10월 (양: 579년 11월)
▶ 冬十月 長星竟天 二十日而滅 (삼국사기 백제본기 5)
겨울 10월에 혜성[長星]이 하늘 끝에 보이더니 20일 만에 없어졌다.

▶ 冬十月 長星竟天 二十日而滅 (증보문헌비고 상위고 6)

594년 백제 위덕왕(威德王) 41년 갑인(甲寅)
594년 11월 23일 계미 (양: 595년 1월 9일)

▶ 冬十一月 癸未 星孛于角亢 (삼국사기 백제본기 5)
겨울 11월 계미일에 혜성[星孛]이 각(角)[40]과 항(亢)[41]에 나타났다.

▶ 冬十一月 癸未 星孛于角亢 (증보문헌비고 상위고 6)

623년 신라 진평왕(眞平王) 45년 계미(癸未)
579~631년 (양: 579~631년)

▶ 第五居烈郎 第六實處郎[一作突處郎] 第七寶同郎等 三花之徒 欲遊楓岳 有彗星犯心大星 (삼국유사 권 5 감통 제 7 융천가혜성가 진평대왕)
제5세 거열랑, 제6세 실처랑, 제7세 보동랑 등 세 화랑의 무리가 금강산(楓岳)에 놀러 가려는데 혜성(彗星)이 심대성[42]을 범하였다.

640년 백제 무왕(武王) 41년 경자(庚子)
640년 1월 (양: 640년 2월)

▶ 春正月 星孛于西北 (삼국사기 백제본기 5)
봄 정월에 혜성[星孛]이 서북쪽에 나타났다.

▶ 春正月 有星孛于西北 (동국통감 권 6 삼국기)

▶ 春正月 星孛于西北 (증보문헌비고 상위고 6)

647년 신라 진덕왕(眞德王) 1년 정미(丁未)
647년 8월 (양: 647년 9월)

▶ (秋)八月 彗星出於南方 又衆星北流 (삼국사기 신라본기 5)
(가을) 8월에 혜성(彗星)이 남방에 나타나고 또 많은 별이 북쪽으로 흘러갔다.

▶ 秋八月 彗星出於南方 (증보문헌비고 상위고 6)

---

39 태미(太微)는 앞의 16 참조.
40 각(角)은 앞의 32 참조.
41 항(亢)은 앞의 33 참조.
42 심대성(心大星)은 심수(心宿, 앞의 15 참조)에 속하는 별로 현대의 전갈자리 알파별, 안타레스(Antares, α Sco)이다.

662년 신라 문무왕(文武王) 2년 임술(壬戌)
662년 (양: 662년)
▶ ^補春 客星見南方 (증보문헌비고 상위고 6)
봄에 객성(客星)이 남쪽에 보였다.

668년 고구려 보장왕(寶藏王) 27년 무진(戊辰)
668년 4월 (양: 668년 5월)
▶ 夏四月 彗星見於畢昴卯之間 唐許敬宗曰 彗見東北 高句麗將滅之兆也
(삼국사기 고구려본기 10)

여름 4월에 혜성(彗星)이 필(畢)⁴³과 묘(昴)⁴⁴사이에 나타났다. 당나라 허경종이 말하기를 "혜성(彗星)이 동북쪽에 나타났으니, 고구려가 장차 망할 징조다"라고 하였다.

▶ 夏四月 彗星見於畢昴之間 唐許敬宗曰 彗見東北 高句麗將滅之兆也
(동국통감 권 8 삼국기)

▶ 夏四月 彗星見於畢卯之間 ^補唐許敬宗奏帝曰 彗見東北 高句麗將滅之兆
(증보문헌비고 상위고 6)

668년 신라 문무왕(文武王) 8년 무진(戊辰)
668년 4월 (양: 668년 5월)
▶ 夏四月 彗星守天船 (삼국사기 신라본기 6)
여름 4월에 혜성(彗星)이 천선(天船)⁴⁵에 머물렀다.

▶ ^補四月 彗守天船 (증보문헌비고 상위고 6)

672년 신라 문무왕(文武王) 12년 임신(壬申)
672년 9월 (양: 672년 10월)
▶ 秋九月 彗星七出北方 (삼국사기 신라본기 7)
가을 9월에 혜성(彗星)이 북쪽에 일곱 번이나 나타났다.

▶ 九月 彗星七出北方 (동국통감 권 9 신라기)

▶ 秋九月 彗星七出北方 (증보문헌비고 상위고 6)

---

43 필(畢)은 앞의 14 참조.
44 묘(昴)는 서방칠수 중 4번째인 묘수(昴宿)에 속한 별자리로 昴七이며, 현대의 플레아데스 성단(Pleiades)에 해당한다.
45 천선(天船)은 앞의 26 참조.

673년   신라 문무왕(文武王) 13년 계유(癸酉)
673년 1월 (양: 673년 2월)

▶ 春 妖星見 地震 大王憂之 (삼국사기 열전 3)
봄에 이상한 별[妖星]이 나타나고 지진이 일어나자 왕이 이를 걱정하였다.

▶ 春正月 大星隕地震 (동국통감 권 9 신라기)
봄 1월에 큰 별[大星]이 떨어지고 지진이 있었다.

▶ 其春 惑星見地震 (증보문헌비고 상위고 7)

676년   신라 문무왕(文武王) 16년 병자(丙子)
676년 7월 (양: 676년 8월)

▶ 秋七月 彗星出北河積水之間 長六七許步 (삼국사기 신라본기 7)
가을 7월 혜성(彗星)이 북하(北河)와 적수(積水)[46] 사이에 나타났는데 그 길이가 6~7보 가량이나 되었다.

▶ 秋七月 彗星出北河積水之間 長六七許步 (증보문헌비고 상위고 6)

683년   신라 신문왕(神文王) 3년 계미(癸未)
683년 10월 (양: 683년 11월)

▶ 冬十月 彗星出五車 (삼국사기 신라본기 8)
겨울 10월 혜성(彗星)이 오거(五車)[47]에 나타났다.

▶ (冬十月) 彗星出五車 (동국통감 권 9 신라기)

▶ 補十月 彗星出五車 (증보문헌비고 상위고 6)

---

46 북하(北河)와 적수(積水)는 남방칠수 중 1번째인 정수(井宿)에 속한 별자리로 北河三과 積水이며, 현대의 쌍둥이자리(Gemini)에 해당한다.
47 오거(五車)는 서방칠수 중 5번째인 필수(畢宿)에 속한 별자리로 五車五이며, 현대의 마차부자리(Auriga)에 해당한다.

693년 신라 효소왕(孝昭王) 2년 계사(癸巳)
693년 6월 12일 경오 (양: 693년 7월 20일)
▶ 六月十二日 有彗星孛于東方 十七日 又孛于西方 日官奏曰 不封爵於琴笛之瑞
(삼국유사 권 3 탑상 제 4 백률사)

6월 12일에 혜성(彗星孛)이 동쪽에 나타나고 17일에 또 서쪽에 나타나 일관(日官)이 아뢰었다 '이것은 거문고(琴)와 피리(笛)를 벼슬에 봉하지 않아서 그러한 것입니다.'

699년 신라 효소왕(孝昭王) 8년 기해(己亥)
699년 2월 (양: 699년 3월)
▶ 春二月 白氣竟天 星孛于東 (삼국사기 신라본기 8)
봄 2월에 흰 기운이 하늘에 뻗치고, 혜성[星孛]이 동쪽에 나타났다.

▶ 春二月 白氣竟天 星孛于東 (증보문헌비고 상위고 6)

▶ 補二月 白氣竟天 (증보문헌비고 상위고 8)

701년 신라 효소왕(孝昭王) 10년 신축(辛丑)
701년 2월 (양: 701년 3월)
▶ 春二月 彗星入月 (삼국사기 신라본기 8)
봄 2월에 혜성(彗星)이 달에 들어갔다.

▶ 春二月 彗星入月 (증보문헌비고 상위고 6)

744년 신라 경덕왕(景德王) 3년 갑신(甲申)
744년 10~12월 (양: 744년 11월 ~ 745년 1월)
▶ 冬 妖星出中天 大如五斗器 浹旬乃滅 (삼국사기 신라본기 9)
겨울에 이상한 별[妖星]이 중천(中天)에 보였는데 크기가 다섯 말들이 그릇만 했으며 10일 만에 없어졌다.

▶ 冬妖星出中天 大如五斗器 浹旬乃滅 (증보문헌비고 상위고 6)

759년   신라 경덕왕(景德王) 18년 기해(己亥)
759년 3월 (양: 759년 4월)
▶ (春)三月 彗星見 至秋乃滅 <small>(삼국사기 신라본기 9)</small>
(봄) 3월에 혜성(彗星)이 나타나 가을에 가서야 없어졌다.

▶ 春三月 彗星見至秋乃滅 <small>(증보문헌비고 상위고 6)</small>

761년   신라 경덕왕(景德王) 20년 신축(辛丑)
761년 4월 (양: 761년 5월)
▶ 夏四月 彗星出 <small>(삼국사기 신라본기 9)</small>
여름 4월에 혜성(彗星)이 나타났다.

▶ 夏四月 彗星出 <small>(증보문헌비고 상위고 6)</small>

764년   신라 경덕왕(景德王) 23년 갑진(甲辰)
764년 3월 (양: 764년 4월)
▶ (春)三月 星孛于東南 <small>(삼국사기 신라본기 9)</small>
(봄) 3월에 혜성[星孛]이 동남쪽에 나타났다.

▶ 三月 星孛于東南 <small>(증보문헌비고 상위고 6)</small>

768년   신라 혜공왕(惠恭王) 4년 무신(戊申)
768년 1~3월 (양: 768년 2~4월)
▶ 春 彗星出東北 <small>(삼국사기 신라본기 9)</small>
봄에 혜성(彗星)이 동북쪽에 나타났다.

▶ 春 彗星出東北 <small>(동국통감 권 10 신라기)</small>

▶ 春 彗星出東北 <small>(증보문헌비고 상위고 6)</small>

770년 신라 혜공왕(惠恭王) 6년 경술(庚戌)
770년 5월 11일 계유 ~ 6월 12일 계묘 (양: 770년 6월 9일 ~ 7월 9일)
▶ 夏五月 十一日 彗星出五車北 至六月 十二日 滅 (삼국사기 신라본기 9)
여름 5월 11일에 혜성(彗星)이 오거(五車)⁴⁸의 북쪽에 나타났는데, 6월 12일에 이르러서 사라졌다.

▶ 夏五月 彗星出五車北 至六月 乃滅 (동국통감 권 10 신라기)

▶ 夏五月 十一日 彗星出五車北 至六月 十二日 滅 (증보문헌비고 상위고 6)

815년 신라 헌덕왕(憲德王) 7년 을미(乙未)
815년 8월 (양: 815년 9월)
▶ (秋八月) 大星出翼軫間 指庚 芒長六許尺 廣二許寸 (삼국사기 신라본기 10)
(가을 8월) 큰 별[大星]이 익(翼)⁴⁹과 진(軫)⁵⁰ 사이에서 나와 서남서[庚]로 향하고 있었는데, 빛의 길이가 6자이고 너비가 2치 가량되었다.

▶ 秋 大星出翼軫間指庚 芒長六尺 廣二寸許 (동국통감 권 10 신라기)

▶ 秋八月 大星出翼軫間 指庚 芒長六許尺 廣二許寸 (증보문헌비고 상위고 6)

836년 신라 흥덕왕(興德王) 11년 병진(丙辰)
836년 6월 (양: 836년 7월)
▶ 夏六月 星孛于東 (삼국사기 신라본기 10)
여름 6월에 동쪽에 혜성[星孛]이 나타났다.

▶ 夏六月 有星孛于東 (동국통감 권 11 신라기)

▶ 夏六月 星孛于東 (증보문헌비고 상위고 6)

---

48 오거(五車)는 앞의 47 참조.
49 익(翼)은 남방칠수 중 6번째인 익수(翼宿)에 속한 별자리로 翼二十二이며, 현대의 컵자리(Crater)에 해당한다.
50 진(軫)은 남방칠수 중 7번째인 진수(軫宿)에 속한 별자리로 軫四이며, 현대의 까마귀자리(Corvus)에 해당한다.
51 희강왕은 재위 3년(838) 정월에 난이 발생하여 자살하였다. 증보문헌비고에서 '희강왕 3년'이라고 한 것은 유년칭원법(踰年稱元法)을 적용한 것으로 보인다.

838년 신라 민애왕(閔哀王) 1년 무오(戊午)
838년 12월 (양: 839년 1월)
▶ 冬 彗孛見西方 芒角指東 (삼국사기 열전 4)
겨울에 혜성[彗孛]이 서쪽에 나타났는데, 꼬리[芒角]가 동쪽을 가리켰다.

▶ 補(僖康王 三年)[51] 冬 彗見西方 芒角指東 (증보문헌비고 상위고 6)

▶ 補(閔哀王 元年) 冬 彗見西方 芒角指東 (증보문헌비고 상위고 6)

867년 신라 경문왕(景文王) 7년 정해(丁亥)
867년 12월 (양: 868년 1월)
▶ (冬)十二月 客星犯太白 (삼국사기 신라본기 11)
(겨울) 12월 객성(客星)이 금성[太白]을 범했다.

▶ 冬十二月 客星犯太白 (증보문헌비고 상위고 6)

875년 신라 경문왕(景文王) 15년 을미(乙未)
875년 2월 (양: 875년 3월)
▶ 春二月 星孛于東 二十日乃滅 (삼국사기 신라본기 11)
봄 2월에 혜성[星孛]이 동쪽에 나타나 20일 만에 없어졌다.

▶ 春 有星孛于東 二十日乃滅 (동국통감 권 11 신라기)

▶ 春二月 星孛于東 二十日乃滅 (증보문헌비고 상위고 6)

908년 신라 효공왕(孝恭王) 12년 무진(戊辰)
908년 2월 (양: 908년 3월)
▶ 春二月 星孛于東 (삼국사기 신라본기 12)
봄 2월에 혜성[星孛]이 동쪽에 나타났다.

▶ 春二月 星孛于東 (증보문헌비고 상위고 6)

6. 유성과 운석

14년 신라 남해차차웅(南解次次雄) 11년 갑술(甲戌)
14년 (양: 14년)

▶ 樂浪謂內虛 來攻金城甚急 夜有流星 墜於賊營 衆懼而退 (삼국사기 신라본기 1)
... 낙랑은 이쪽 내부가 비었으리라 생각하고 금성에 와서 공격하여 매우 위급하였는데, 밤에 유성(流星)이 적진에 떨어지니 군중들은 모두 겁을 내어 물러가...

▶ 流星墜於賊營 (증보문헌비고 상위고 7)

104년 신라 파사이사금(婆娑尼師今) 25년 갑진(甲辰)
104년 1월 (양: 104년 2월)

▶ 春正月 衆星隕如雨不至地 (삼국사기 신라본기 1)
봄 정월에 많은 별이 비오듯 떨어졌으나 땅에는 맞지 않았다.

▶ 春正月 衆星隕如雨不至地 (증보문헌비고 상위고 7)

120년 신라 지마이사금(祇摩尼師今) 9년 경신(庚申)
120년 2월 (양: 120년 3월)

▶ 春二月 大星墜月城西 聲如雷 (삼국사기 신라본기 1)
봄 2월에 큰 별[大星]이 월성(月城) 서쪽에 떨어졌는데 그 소리가 우뢰 같았다.

▶ 春二月 大星墜月城西 聲如雷 (증보문헌비고 상위고 7)

---

52 유성이 떨어지다가 대기 중에서 폭발하며 굉음을 내는 현상과 유사하다.

316년 백제 비류왕(比流王) 13년 병자(丙子)
316년 1~3월 (양: 316년 2~5월)

▶ 春 ... 大星西流 (삼국사기 백제본기 2)
봄에 ... 큰 별[大星]이 서쪽으로 흘렀다.

▶ 春 大星西流 (증보문헌비고 상위고 7)

325년 백제 비류왕(比流王) 22년 을유(乙酉)
325년 10월 (양: 325년 11월)

▶ 冬十月 天有聲 如風浪相激 (삼국사기 백제본기 2)
겨울 10월 풍랑이 서로 부딪치는 듯한 소리가 하늘에서 울렸다.[52]

▶ 冬十月 天有聲如風浪相激 (증보문헌비고 상위고 6).

333년 백제 비류왕(比流王) 30년 계사(癸巳)
333년 5월 (양: 333년 6월)

▶ 夏五月 星隕 (삼국사기 백제본기 2)
여름 5월에 별이 떨어졌다.

▶ (補二十年) 夏五月 星隕王宮 (증보문헌비고 상위고 7)
(20년) 여름 5월에 별이 왕궁에 떨어졌다.

336년 고구려 고국원왕(故國原王) 6년 병신(丙申)
336년 3월 (양: 336년 4월)

▶ 春三月 大星流西北 (삼국사기 고구려본기 6)
봄 3월에 큰 별[大星]이 서북쪽으로 흘렀다.

▶ 春三月 大星流西北 (증보문헌비고 상위고 7)

398년 백제 아신왕(阿莘王) 7년 무술(戊戌)
398년 8월 (양: 398년 9월)

▶ 秋八月 其夜大星落營中有聲 (삼국사기 백제본기 3)
가을 8월 이날 밤 큰 별[大星]이 병영[營中]에 떨어져 요란한 소리가 났다.

▶ 秋八月 大星落營中有聲 (증보문헌비고 상위고 7)

454년 백제 비유왕(毗有王) 28년 갑오(甲午)
454년 (양: 454년)

▶ 星隕如雨 星孛于西北 長二丈許 (삼국사기 백제본기 3)
별이 비오듯 쏟아졌다. 혜성[星孛]이 서북쪽에 나타났는데 길이가 2장(二 丈) 정도되었다.

▶ 星隕如雨 (증보문헌비고 상위고 7)

467년 신라 자비마립간(慈悲麻立干) 10년 정미(丁未)
467년 9월 (양: 467년 10월)

▶ 秋九月 天赤 大星自北流東南 (삼국사기 백제본기 3)
가을 9월 하늘이 붉어지더니 큰 별[大星]이 북쪽에서 동남쪽으로 흘렀다.

▶ 秋九月 大星自北流東南 (증보문헌비고 상위고 7)

532년 백제 성왕(聖王) 10년 임자(壬子)
532년 7월 12일 갑진 (양: 532년 8월 28일)

▶ 秋七月 甲辰 星隕如雨 (삼국사기 백제본기 4)
가을 7월 갑진일에 별이 비오듯 떨어졌다.

▶ 秋七月 甲辰 星隕如雨 (증보문헌비고 상위고 7)

566년 고구려 평원왕(平原王) 8년 병술(丙戌)
566년 5월 (양: 566년 6월)

▶ 補五月 星隕如雨 (증보문헌비고 상위고 7)
(여름) 5월에 별이 비오듯 떨어졌다.

581년 고구려 평원왕(平原王) 23년 신축(辛丑)
581년 2월 30일 경진 (양: 581년 3월 20일)

▶ 春二月 晦 星隕如雨 (삼국사기 고구려본기 7)
봄 2월 그믐(30일)에 별이 비오듯 떨어졌다.

▶ 春二月 晦 星隕如雨 (증보문헌비고 상위고 7)

586년 신라 진평왕(眞平王) 8년 병오(丙午)
586년 5월 (양: 586년 6월)
  ▶ 夏五月 雷震 星殞如雨 (삼국사기 신라본기 4)
  여름 5월에 뇌성벽력[雷震]이 있더니 별이 비오듯 떨어졌다.

  ▶ 夏五月 星隕如雨 (증보문헌비고 상위고 7)

643년 고구려 보장왕(寶藏王) 2년 계묘(癸卯)
643년 9월 15일 신묘 (양: 643년 11월 1일)
  ▶ 秋九月 十五日 夜明不見月 衆星西流 (삼국사기 고구려본기 9)
  가을 9월 15일 밤에 달이 나타나지 아니하고 많은 별이 서쪽으로 흘러갔다.

  ▶ 秋九月 十五日 夜明不見月 衆星西流 (증보문헌비고 상위고 7)

645년 고구려 보장왕(寶藏王) 4년 을사(乙巳)
645년 6월 21일 정사 (양: 645년 7월 19일)
  ▶ 補六月 丁巳 大星落于高延壽營中 (증보문헌비고 상위고 7)
  (여름) 6월 정사일(21일)에 큰 별[大星]이 고연수(고구려 장군) 진영에
  떨어졌다.

647년 신라 선덕왕(善德王) 16년 정미(丁未)
647년 1월 (양: 647년 2월)
  ▶ 丙夜 大星落於月城 (삼국사기 열전 1)
  (봄 정월) 한밤중[丙夜, 밤 3경]에 큰 별[大星]이 월성(月城)에 떨어졌다.

  ▶ 春正月 ... 夜有大星落月城 (동국통감 권 7 삼국기)

  ▶ 春正月 夜大星落于月城 (증보문헌비고 상위고 7)

647년 신라 진덕왕(眞德王) 1년 정미(丁未)
647년 6월 (양: 647년 7월)
  ▶ 補六月 大星落于月城 (증보문헌비고 상위고 7)
  (여름) 6월 큰 별[大星]이 월성에 떨어졌다.

647년   신라 진덕왕(眞德王) 1년 정미(丁未)
647년 8월 (양: 647년 9월)

▶ (秋)八月 彗星出於南方 又衆星北流 (삼국사기 신라본기 5)
(가을) 8월에 혜성(彗星)이 남쪽에 나타나고 또 많은 별이 북쪽으로 흘러갔다.

▶ 秋八月 衆星北流 (증보문헌비고 상위고 7)
가을 8월에 많은 별들이 북쪽으로 흘러갔다.

661년   고구려 보장왕(寶藏王) 20년 신유(辛酉)
661년 5월 (양: 661년 6월 11일)

▶ 夏五月... 忽有大星落於我營 又雷雨震擊 惱音信等疑駭引退

(삼국사기 고구려본기 10)

여름 5월 ... 갑자기 큰 별[大星]이 우리 진영에 떨어지고 또 천둥치며 비가
오고 벼락이 내려 뇌음신(惱音信)등이 어리둥절 놀라서 물러났다.

661년   신라 태종무열왕(太宗武烈王) 8년 신유(辛酉)
661년 5월 9일 제묘 (양: 661년 6월 11일)

▶ 夏五月 九日(一云十一日)... 至誠告天 忽有大星落於賊營 又雷雨以震 賊疑懼
解圍而去 王喜將冬陁川 擢位大奈麻 (삼국사기 신라본기 5)
여름 5월 9일(또는 11일) ... (동타천이) 지성으로 하늘에 고하자, 홀연히 큰 별
[大星]이 적의 진영에 떨어지고 또 천둥치고 비가오면서 벼락을 치니, 적이
공포심이 들어 포위를 풀고 떠났다. 왕이 동타천을 가상히 여겨 대나마의
자리에 올렸다.[53]

▶ 龍削元年 ... 忽有大星落於賊營 又雷雨震擊 賊等疑駭 解圍而遁 ...

(삼국사기 열전 2)

용삭(龍朔) 원년(661년), ... 갑자기 큰 별[大星]이 적의 진영에 떨어지고 또
번개치고 비를 뿌리므로 적들이 놀라서 포위를 풀고 달아났다.

▶ 自五月 十一日至六月 二十二日 我兵危甚 ... 庾信馳奏曰... 乃於星浮山 設
壇修神術 忽有光耀如大瓮從壇上而出乃星飛南北去

(삼국유사 권 1 기이 제 1 태종춘추공)

5월 11일부터 6월 22일까지 우리(신라) 군사가 위태로웠다. ... 김유신이 달려와
말하였다. ...그리고는 성부산에 단을 쌓고 신술을 부리니 홀연히 큰 항아리만한
광채가 단(壇) 위로부터 나오더니 이내 별이 되어 남북으로 날아갔다.

▶ 夏五月九日 忽有大星落於賊營 又雷雨以震 (증보문헌비고 상위고 7)

673년　신라 문무왕(文武王) 13년 계유(癸酉)
673년　1월 (양: 673년 2월)

▶ 春正月 大星隕皇龍寺在城中間 <small>(삼국사기 신라본기 7)</small>
봄 정월에 큰 별[大星]이 황룡사(皇龍寺)와 재성(在城) 중간에 떨어졌다.

▶ 春正月 大星隕皇龍寺 <small>(증보문헌비고 상위고 7)</small>

679년　신라 문무왕(文武王) 19년 기묘(己卯)
679년　6월 (양: 679년 7월)

▶ 夏六月 太白入月 流星犯參大星 <small>(삼국사기 신라본기 7)</small>
여름 6월에 금성[太白]이 달에 들어가고, 유성(流星)이 삼대성(參大星)[54]을 범하였다.

▶ 夏六月 流星犯參大星 <small>(증보문헌비고 상위고 7)</small>

681년　신라 문무왕(文武王) 21년 신사(辛巳)
681년　5월 (양: 681년 6월)

▶ 夏五月 流星犯參大星 <small>(삼국사기 신라본기 7)</small>
여름 5월 유성(流星)이 삼대성(參大星)[54]을 범했다.

▶ 夏五月 流星犯參大星 <small>(동국통감 권 9 신라기)</small>

▶ 夏五月 流星犯參大星 <small>(증보문헌비고 상위고 7)</small>

681년　신라 문무왕(文武王) 21년 신사(辛巳)
681년　6월 (양: 681년 7월)

▶ (夏)六月 天狗落坤方 <small>(삼국사기 신라본기 7)</small>
(여름) 6월 운석[天狗]이 남서쪽[坤方]에 떨어졌다.

▶ 六月 天狗落坤方 <small>(동국통감 권 9 신라기)</small>

▶ 六月 天狗落坤方 <small>(증보문헌비고 상위고 7)</small>

---

53 신라본기에서는 전쟁터에서 동타천이 하늘에 제사를 지낸 것으로 서술하고 있는데, 삼국사기 열전이나 삼국유사 에서는 같은 행위를 서라벌에서 김유신이 행한 것으로 묘사하고 있다.
54 삼대성(參大星)은 앞의 13 참조.

684년 신라 신문왕(神文王) 4년 갑신(甲申)
684년 10월 (양: 684년 11월)
▶ 冬十月 自昏及曙 流星縱橫 (삼국사기 신라본기 8)
겨울 10월에 밤새도록 유성(流星)이 어지럽게 떨어졌다.

▶ 冬十月 流星縱橫徹夜 (동국통감 권 9 신라기)

▶ 冬十月 自昏及曙 流星縱橫 (증보문헌비고 상위고 7)

706년 신라 성덕왕(聖德王) 5년 병오(丙午)
706년 3월 (양: 706년 4월)
▶ (春)三月 衆星西流 (삼국사기 신라본기 8)
(봄) 3월 많은 별이 서쪽으로 흘러갔다.

▶ 春三月 衆星西流 (증보문헌비고 상위고 7)

710년 신라 성덕왕(聖德王) 9년 경술(庚戌)
710년 1월 (양: 710년 2월)
▶ 春正月 天狗隕三郎寺北 (삼국사기 신라본기 8)
봄 정월에 운석[天狗]이 삼랑사(三郎寺) 북편에 떨어졌다.

▶ 春正月 天狗隕三郎寺北 (증보문헌비고 상위고 7)

715년 신라 성덕왕(聖德王) 14년 을묘(乙卯)
715년 10월 (양: 715년 11월)
▶ 冬十月 流星犯紫微 (삼국사기 신라본기 8)
겨울 10월에 유성(流星)이 자미(紫微)[55]를 범하였다.

▶ 冬十月 流星犯紫微 (증보문헌비고 상위고 7)

---

55 자미(紫微)는 앞의 28 참조.

715년   신라 성덕왕(聖德王) 14년 을묘(乙卯)
      715년 12월 (양: 716년 1월)

    ▶ 十二月 流星自天倉入大微 (삼국사기 신라본기 8)
      12월에 유성(流星)이 천창(天倉)[56]에서 태미(太微)[57]로 들어갔다.

    ▶ 十二月 流星自天倉入太微 (증보문헌비고 상위고 7)

716년   신라 성덕왕(聖德王) 15년 병진(丙辰)
      716년 1월 (양: 716년 2월)

    ▶ 春正月 流星犯月月無光 (삼국사기 신라본기 8)
      봄 정월에 유성(流星)이 달을 범하므로 달이 빛을 잃었다.

    ▶ 春正月 流星犯月月無光 補以下月 (증보문헌비고 상위고 7)

718년   신라 성덕왕(聖德王) 17년 무오(戊午)
      718년 10월 (양: 718년 11월)

    ▶ 冬十月 流星自昴入于奎 衆小星隨之 天狗隕艮方 (삼국사기 신라본기 8)
      겨울 10월에 유성(流星)이 묘(昴)[58]로부터 규(奎)[59]로 들어갔는데, 작은 별들[衆小星]이 뒤따랐으며, 운석[天狗]이 동북쪽[艮方]에 떨어졌다.

    ▶ 冬十月 流星自昴入于奎 衆小星隨之 天狗隕艮方 (증보문헌비고 상위고 7)

737년   신라 효성왕(孝成王) 1년 정축(丁丑)
      737년 9월 (양: 737년 10월)

    ▶ 秋九月 流星入大微 (삼국사기 신라본기 9)
      가을 9월에 유성(流星)이 태미(太微)[57]에 들어갔다.

    ▶ 秋九月 流星入太微 (증보문헌비고 상위고 7)

---

56 천창(天倉)은 서방칠수 중 2번째인 루수(婁宿)에 속한 별자리로 天倉六이며, 현대의 고래자리(Cetus)에 해당한다.
57 태미(太微)는 앞의 16 참조.
58 묘(昴)는 앞의 44 참조. a
59 규(奎)는 앞의 36 참조.

742년 신라 효성왕(孝成王) 6년 임오(壬午)

742년 5월 (양: 742년 6월)

▶ 夏五月 流星犯參大星 (삼국사기 신라본기 9)

여름 5월에 유성(流星)이 삼대성(參大星)[60]을 범하였다.

▶ 五月 流星犯參大星 (증보문헌비고 상위고 7)

▶ 冬妖星出中天 大如五斗器 浹旬乃滅 (증보문헌비고 상위고 6)

748년 신라 경덕왕(景德王) 7년 무자(戊子)

748년 1월 (양: 748년 2월)

▶ 春正月 天狗落地 (삼국사기 신라본기 9)

봄 정월에 운석[天狗]이 땅에 떨어졌다.

▶ 春正月 天狗落地 (증보문헌비고 상위고 7)

764년 신라 경덕왕(景德王) 23년 갑진(甲辰)

764년 12월 11일 갑술 (양: 765년 1월 7일)

▶ 冬十二月 十一日 流星惑大惑小 觀者不能數 (삼국사기 신라본기 9)

겨울 12월 11일 크고 작은 유성(流星)이 나타나 보는 사람이 그 수를 셀 수가 없었다.

▶ 冬十二月 十一日 流星惑大惑小 觀者不能數 (증보문헌비고 상위고 7)

765년 신라 경덕왕(景德王) 24년

을사 765년 6월 (양: 765년 7월)

▶ (夏)六月 流星犯心 (삼국사기 신라본기 9)

(여름) 6월에 유성(流星)이 심(心)[61]을 범했다.

▶ 夏六月 流星犯心 (동국통감 권 10 신라기)

▶ 夏六月 流星犯心 (증보문헌비고 상위고 7)

---

60 삼대성(參大星)은 앞의 13 참조.

61 심(心)은 앞의 15 참조.

767년 신라 혜공왕(惠恭王) 3년 정미(丁未)

767년 (양: 767년)

▶ (大曆)至二年丁未 又天狗墜於東樓南 頭如瓮 尾三尺許 色如烈火 天地亦振

(삼국유사 권 2 기이 제 2 혜공왕)

(대력) 2년 정미년에 운석[天狗]이 동루(東樓) 남쪽에 떨어졌는데 머리가 항아리처럼 생겼고, 꼬리의 길이가 3척(尺)이었으며, 빛깔이 타오르는 불 같았으며, 천지가 또한 흔들렸다.

▶ 補天狗隕于東樓 頭如瓮 尾長三尺 色如烈火 天地亦振 (증보문헌비고 상위고 7)

767년 신라 혜공왕(惠恭王) 3년 정미(丁未)

767년 7월 (양: 767년 8월)

▶ 秋七月 ... 三星隕王庭相擊 其光如火迸散 (삼국사기 신라본기 9)

가을 7월에 세 별(三星)이 대궐 뜰에 떨어져 서로 맞부딪쳤는데 빛이 불빛 같이 날아 흩어졌다.

▶ 七月 北宮庭中先有二星墜地 又一星墜 三星皆沒入地 (삼국유사 권 2 기이 2 혜공왕)

7월에 북궁(北宮)의 뜰 가운데 별 두 개가 떨어지고 또 한 개가 떨어져, 세 개의 별이 땅 속으로 들어갔다.

▶ (秋七月) 有三星隕宮庭相擊 其光如火 (동국통감 권 10 신라기)

가을 7월에 별 셋이 대궐 뜰에 떨어졌는데, 서로 부딪쳐 그 빛이 불이 난 것 처럼 밝았다.

▶ 秋七月 三星隕王庭相擊 其光如火迸散 (증보문헌비고 상위고 7)

768년 신라 혜공왕(惠恭王) 4년 무신(戊申)

768년 6월 (양: 768년 7월)

▶ 夏六月 大星隕皇龍寺南 地震聲如雷 (삼국사기 신라본기 9)

여름 6월에 큰 별[大星]이 황룡사 남쪽에 떨어지고 지진이 있었는데 소리가 우뢰와 같았다.

▶ 夏六月 大星隕皇龍寺南 (증보문헌비고 상위고 7)

801년 신라 애장왕(哀莊王) 2년 신사(辛巳)
801년 9월 (양: 801년 10월)
▶ 秋九月 熒惑入月 星隕如雨 (삼국사기 신라본기 10)
가을 9월에 화성[熒惑]이 달에 들어가고 별이 비오듯 떨어졌다.

▶ 秋八月 星隕如雨 (증보문헌비고 상위고 7)
가을 8월[62]에 별이 비오듯 떨어졌다.

810년 신라 헌덕왕(憲德王) 2년 경인(庚寅)
810년 7월 (양: 810년 8월)
▶ 秋七月 流星入紫微 (삼국사기 신라본기 10)
가을 7월에 유성(流星)이 자미(紫微)[63]에 들어갔다.

▶ 秋七月 流星入紫微 (증보문헌비고 상위고 7)

810년 신라 헌덕왕(憲德王) 2년 경인(庚寅)
810년 10월 (양: 810년 11월)
▶ 冬十月 ... 流星入王良 (삼국사기 신라본기 10)
겨울 10월에 유성(流星)이 왕량(王良)[64]에 들어갔다.

▶ 冬十月 流星入王良 (증보문헌비고 상위고 7)

823년 신라 헌덕왕(憲德王) 15년 계묘(癸卯)
823년 4월 12일 병신 (양: 823년 5월 25일)
▶ 夏四月 十二日 流星起天市 犯帝座 過天市東北垣織女王良 至閣道 分爲三
聲如擊鼓而滅　　　　　　　　　　　　　　(삼국사기 신라본기 10)
여름 4월 12일 유성(流星)이 천시(天市)[65]에서 일어나 제좌(帝座)[66]을 범한후
천시동북원(天市東北垣)[67], 직녀(織女)[68], 왕량(王良)[69]을 지나 각도(閣道)[70]
에 이르러 셋으로 갈라져 북소리를 낸후 사라졌다.

▶ 夏四月 十二日 流星起天市 犯帝座 過天市東北垣織女王良 至閣道 分爲三
聲如擊鼓而滅　　　　　　　　　　　　　　(증보문헌비고 상위고 7)

848년 신라 문성왕(文聖王) 10년 무진(戊辰)
848년 7~9월 (양: 850년 8~10월)
▶ 補秋 星隕如雨 <small>(증보문헌비고 상위고 7)</small>
가을에 별이 비오듯 떨어졌다.

848년 신라 문성왕(文聖王) 10년 무진(戊辰)
848년 10월 (양: 850년 11월)
▶ 十月 天有聲如雷 <small>(증보문헌비고 상위고 6)</small>
10월 하늘에서 우뢰같은 소리가 들렸다.

905년 신라 효공왕(孝恭王) 9년 을축(乙丑)
905년 2월 (양: 905년 3월)
▶ 春二月 星隕如雨 <small>(삼국사기 신라본기 12)</small>
봄 2월에 별이 비오듯 떨어졌다.

▶ 春二月 星隕如雨 <small>(증보문헌비고 상위고 7)</small>

---

62 8월은 9월의 오기로 보인다.
63 자미(紫微)는 앞의 28 참조
64 왕량(王良)은 앞의 22 참조
65 천시(天市)는 앞의 29 참조.
66 제좌(帝座)는 천시원(天市垣) 내에 있는 帝座一이며, 현대의 헤르큘레스자리(Hercules)에 있는 라스알게티 (Ras Algethi, α Her)이다.
67 천시동북원(天市東北垣)은 天市東垣十一의 북쪽 영역을 말한다.
68 직녀(織女)는 북방칠수 중에 2번째인 우수(牛宿)에 있는 별자리로 織女三이며, 현대의 거문고자리(Lyra)에 있는 베가(Vega, α Lyr)가 가장 밝다.
69 왕량(王良)은 앞의 22 참조.
70 각도(閣道)는 규수(奎宿)에 있는 별자리로 閣道六이며, 현대의 카시오페이아자리(Cassiopeia)이다.

7. 황도광과 오로라

34년 백제 다루왕(多婁王) 7년 갑오(甲午)
34년 4월 (양: 34년 5월)

▶ 夏四月 東方有赤氣 <small>(삼국사기 백제본기 1)</small>
여름 4월에 동쪽에 붉은 기운(赤氣)이 있었다.

▶ 夏四月 東方有赤氣 <small>(증보문헌비고 상위고 8)</small>

182년 고구려 고국천왕(故國川王) 4년 임술(壬戌)
182년 3월 갑인 (양: 182년 4월)

▶ 春三月 甲寅 夜赤氣貫於太微 如虵 <small>(삼국사기 고구려본기 4)</small>
봄 3월 갑인일[71] 밤에 붉은 기운(赤氣)이 태미(太微)[72]를 관통하였는데 마치 뱀과 같았다.

▶ 春三月 甲寅 夜赤氣貫於太微 如虵 <small>(증보문헌비고 상위고 8)</small>

246년 신라 조분이사금(助賁尼師今) 17년 병인(丙寅)
246년 10월 (양: 246년 11월)

▶ 冬十月 東南有白氣如匹練 <small>(삼국사기 신라본기 2)</small>
겨울 10월에 동남쪽에 흰 기운(白氣)이 한 필의 비단[匹練]같이 뻗쳤었다.

▶ 補 十月 東南有白氣如匹練 <small>(증보문헌비고 상위고 8)</small>

---

71 3월에 갑인일이 없다.
72 태미(太微)는 앞의 16 참조.

478년 신라 자비마립간(慈悲麻立干) 21년 무오(戊午)

478년 2월 (양: 478년 3월)

▶ 春二月 夜赤光 如匹練 自地至天 <small>(삼국사기 신라본기 3)</small>

봄 2월 밤에 붉은 빛이 비단(匹練)같이 되어 땅에서 하늘까지 뻗쳤다.

▶ 春二月 夜赤光如匹練 自地至天 <small>(증보문헌비고 상위고 6)</small>

▶ 補春赤光如匹練 自天至地 <small>(증보문헌비고 상위고 8)</small>

8. 해와 달의 특이현상

384년 백제 근구수왕(近仇首王) 10년 갑신(甲申)
384년 2월 (양: 384년 3월)
▶ 春二月 日有暈三重 (삼국사기 백제본기 2)
봄 2월에 해무리가 3겹으로 이루어졌다.

▶ 春二月 日有暈三重 (증보문헌비고 상위고 7)

549년 백제 성왕(聖王) 27년 기사(己巳)
549년 1월 4일 경신 (양: 549년 2월 16일)
▶ 春正月 庚申 白虹貫日 (삼국사기 백제본기 4)
봄 정월 경신일에 흰무지개[白虹]가 해를 꿰뚫었다.

▶ 春正月 庚申 白虹貫日 (증보문헌비고 상위고 7)

725년 신라 성덕왕(聖德王) 24년 을축(乙丑)
725년 1월 (양: 725년 2월)
▶ 春正月 白虹見 (삼국사기 신라본기 8)
봄 정월에 흰무지개[白紅]가 나타났다.

▶ 正月 白虹見 (증보문헌비고 상위고 9)

738년 신라 효성왕(孝成王) 2년 무인(戊寅)
738년 4월 (양: 738년 5월)
▶ 夏四月 ... 白虹貫日 (삼국사기 신라본기 9)
여름 4월에 흰무지개[白虹]가 해를 꿰뚫었다.

▶ 夏四月 白虹貫日 (증보문헌비고 상위고 7)

760년 신라 경덕왕(景德王) 19년 경자(庚子)

760년 4월 1일 신묘 (양: 760년 4월 20일)

▶ 四月 朔 二日竝現挾(浹)旬不滅 日官奏 請緣僧作散花功德 則可禳

(삼국유사 권 5 감통 7 월명사도솔가)

4월 초하루에 해 둘이[73] 나란히 나타나서 열흘동안 사라지지 않았다. 일관(日官)이 아뢰기를 인연이 있는 스님에게 청하여 산화공덕을 짓게하면 재앙을 물리칠 수 있다고 하였다.

761년 신라 경덕왕(景德王) 20년 신축(辛丑)

761년 1월 1일 정해 (양: 761년 2월 10일)

▶ 春正月 朔 虹貫日 日有珥 (삼국사기 신라본기 9)

봄 정월 초하루에 무지개가 해를 꿰뚫고, 해에는 둥근고리[珥]가 있었다.

▶ 春正月 朔 虹貫日 日有珥 (증보문헌비고 상위고 7)

766년 신라 혜공왕(惠恭王) 2년 병오(丙午)

766년 1월 (양: 766년 2월)

▶ 春正月 二日竝出 (삼국사기 신라본기 9)

봄 정월에 두개의 해가 나란히 떠올랐다.

▶ 春正月 兩日竝出 (동국통감 권 10 신라기)

▶ 春正月二日竝出 (증보문헌비고 상위고 7)

822년 신라 헌덕왕(憲德王) 14년 임인(壬寅)

822년 7월 12일 경자 (양: 822년 8월 2일)

▶ 秋七月 十二日 日有黑暈 指南北 (삼국사기 신라본기 10)

가을 7월 12일에 해에 검은 햇무리[黑暈]가 남북으로 뻗쳐 있었다.

▶ 秋七月 十二日 日有黑暈 指南北 (증보문헌비고 상위고 7)

---

73 이 기록 중 다른 하나의 '해'는 핼리 혜성으로 알려져 있다. 4월은 윤 4월의 오기로 보인다.

845년 신라 문성왕(文聖王) 7년 을축(乙丑)
845년 12월 1일 갑술 (양: 846년 1월 2일)
  ▶ (冬)十二月 朔 三日並出 (삼국사기 신라본기 11)
  (겨울) 12월 초하루에 해가 셋이 나란히 떠올랐다.

  ▶ 十二月 朔 三日並出 (동국통감 권 11 신라기)

  ▶ 冬十二月 朔 三日並出 (증보문헌비고 상위고 7)

890년 신라 진성왕(眞聖王) 4년 경술(庚戌)
890년 1월 (양: 890년 2월)
  ▶ 春正月 日暈五重 (삼국사기 신라본기 11)
  봄 정월 해무리가 다섯겹으로 되었다.

  ▶ 春正月 日暈五重 (증보문헌비고 상위고 7)

9. 기타 현상

640년　고구려 영류왕(榮留王) 23년 경자(庚子)
　　　　640년 9월 (양: 640년 10월)

▶ 秋九月 日無光 經三日復明 (삼국사기 고구려본기 8)
　가을 9월에 해가 빛을 잃었다가 3일 만에 다시 밝아졌다.[74]

▶ 秋九月 日無光 三日 (동국통감 권 6 삼국기)

▶ 秋九月 日無光 經三日復明 (증보문헌비고 상위고 7)

643년　고구려 보장왕(寶藏王) 2년 계묘(癸卯)
　　　　643년 9월 15일 신묘 (양: 643년 11월 1일)

▶ 秋九月 十五日 夜明不見月 衆星西流 (삼국사기 고구려본기 9)
　가을 9월 15일 밤에 달이 나타나지 아니하고 많은 별이 서쪽으로 흘러갔다.

▶ 秋九月 十五日 夜明不見月 衆星西流 (증보문헌비고 상위고 7)

687년　신라 신문왕(神文王) 7년 정해(丁亥)
　　　　687년 4월 (양: 687년 5월)

▶ 夏四月... 比者 道喪君臨 義乖天鑒 怪成星象 火宿沈輝 戰戰慄慄 若墜淵谷

(삼국사기 신라본기 8)

　여름 4월 "... 요즈음 법도는 임금의 다스림을 잃었고 의는 하늘의 경계에 어긋나서 성상(星象)은 괴이하게 나타나고 태양[火宿]은 빛을 감추니, 두렵고 떨리는 마음이 마치 못이나 골짜기에 다다른 듯하다. ..."[75]

---

[74] '해가 빛을 잃었다'는 일식현상으로 볼 수 있으나, 일식은 3일 동안 지속되지 않으므로 기상현상이나 상징적인 표현으로 보인다.
[75] 제문의 내용으로 실제 천문현상이 있었는지 알 수 없다.

822년 신라 헌덕왕(憲德王) 14년 임인(壬寅)

822년 4월 13일 계유 (양: 822년 5월 7일)

▶ 夏四月 十三日 月色如血 (삼국사기 신라본기 10)

여름 4월 13일 달빛이 피빛 같았다.[76]

▶ 夏四月 十三日 月色如血 (증보문헌비고 상위고 7)

934년 신라 경순왕(敬順王) 8년 갑오(甲午)

934년 9월 20일 (양: 934년 10월 30일)

▶ 秋九月 老人星見 (삼국사기 신라본기 12)

가을 9월에 노인성(老人星)[77]이 보였다.

▶ 秋九月 老人星見 臣 謹按 老人恒星也 行道有定 非如彗孛之起散 中國江以南常見 以北不見 我國濟州以南始見 以北不見 此必誤記 故屬之客星 (증보문헌비고 상위고 6)

가을 9월에 노인성(老人星)이 보였다. 신이 삼가 살펴보건대, 노인성은 항성이므로 행도가 정해져 있어서, 혜성[慧孛]이 나타나고 흩어지는 것과 같지 않으며, 중국의 강(양쯔강) 이남에서는 항상 나타나고 이북에서는 나타나지 않는다. 그런데 우리나라의 제주 이남에서 비로소 보이고, 이북에는 나타나지 않으니, 이것은 반드시 잘못 기록한 것이다. 그러므로 객성(客星)에 붙인 것이다.

---

76 반영월식의 전형적인 관측 현상이다. 다만 13일은 월식이 일어나기에는 빠른 날짜이다.

77 노인성(老人星)은 남방칠수 중 1번째인 정수(井宿)에 속한 별자리로 老人一이며, 현대의 용골자리(Carina) 카노푸스 (Canopus, α Car)이다.

10. 천문제도와 역법

1년 신라 혁거세거서간(赫居世居西干) 58년 신유(辛酉)
1년 7월 13일 무진(양: 1년 8월 20일)
▶ 立秋後辰日 本彼遊村 祭靈星 (삼국사기 잡지 1)
입추후 진일(辰日)에는 본피부(本彼部) 유촌(遊村/遊林)에서 영성(靈星)⁷⁸
에게 제사를 지냈다.

602년 백제 무왕(武王) 3년 임술(壬戌)
602년 10월 19일 신유(양: 602년 11월 6일)
▶ 冬十月 辛酉 僧觀勒來之 仍貢曆本及天文地理書 并遁甲方術之書也
(일본서기 권 22 추고천왕)
겨울 10월 신유일(19일)에 승려 관륵(觀勒)이 일본에 천문(天文), 지리(地理)와 역본(曆本), 둔갑방술(遁甲方術)의 책을 전해 주었다.

624년 고구려 영류왕(榮留王) 7년 갑신(甲申)
624년 2월 (양: 624년 3월)
▶ 春二月 王遣使如唐請班曆 (삼국사기 고구려본기 8)
봄 2월 왕이 사신을 당(唐)에 보내어 역서(曆書)를 반포(頒布)해 줄 것을 청하였다.

674년 신라 문무왕(文武王) 14년 갑술(甲戌)
674년 1월 (양: 674년 2월)
▶ 春正月 入唐宿衛大奈麻德福 傳學曆術還 改用新曆法 (삼국사기 신라본기 7)
봄 정월 당 나라에서 숙위(宿衛)를 했던 대나마(大奈麻) 덕복(德福)이 역술(曆術)을 배우고 돌아와서 새 역법으로 고쳤다.

▶ 春正月 改用新曆 初奈麻德福 入唐宿衛 學曆術而還 請改用其法 從之
(동국통감 권 9 신라기)

692년 신라 효소왕(孝昭王) 1년 임진(壬辰)
　　　　　692년 8월 (양: 692년 9월)
　　　　　▶ (秋)八月 ... 高僧道證 自唐廻 上天文圖 <small>(삼국사기 신라본기 8)</small>
　　　　　　(가을) 8월 고승(高僧) 도증(道證)이 당에서 돌아와 천문도를 바쳤다.

　　　　　▶ 高僧道證 自唐回 上天文圖 <small>(증보문헌비고 예문고 헌서)</small>

695년 신라 효소왕(孝昭王) 4년 을미(乙未)
　　　　　695년 1월 (양: 695년 1월)
　　　　　▶ 一月 以立子月爲正 <small>(삼국사기 신라본기 8)</small>
　　　　　　1월에 자월(子月)을 정월(正月)로 삼았다.

700년 신라 효소왕(孝昭王) 9년 경자(庚子)
　　　　　700년 (양: 700년)
　　　　　▶ 復以立寅月爲正 <small>(삼국사기 신라본기 8)</small>
　　　　　　다시 인월(寅月)을 정월(正月)로 삼았다.

717년 신라 성덕왕(聖德王) 16년 정사(丁巳)
　　　　　717년 2월 (양: 717년 3월)
　　　　　▶ 春二月 置醫博士 算博士 各一員 <small>(삼국사기 신라본기 8)</small>
　　　　　　봄 2월에 의박사(醫博士)와 산박사(算博士) 각 1인을 두었다.

718년 신라 성덕왕(聖德王) 17년 무오(戊午)
　　　　　718년 6월 (양: 718년 7월)
　　　　　▶ 夏六月 ... 始造漏刻 <small>(삼국사기 신라본기 8)</small>
　　　　　　여름 6월에 처음으로 누각(漏刻)을 만들었다.

　　　　　▶ 漏刻典 聖德王十七年始直 博士六人 史一人 <small>(삼국사기 잡지 7)</small>
　　　　　　누각전을 성덕왕 17년에 처음두었다. 박사 6명, 사 1명이다.

　　　　　▶ 夏六月 始造漏刻 置漏刻典博士 <small>(동국통감 권 10 신라기)</small>
　　　　　　여름 6월에 처음으로 누각을 만들고, 누각전과 누각박사를 두었다.

---

78 영성(靈星)에 대하여 여러 가지 설이 있는데, 대개는 농사를 맡는 천전성(天田星)을 말하며, 진일(辰日)에
　동남방에서 제사하여 풍년을 기원했다고 한다.

749년 신라 경덕왕(景德王) 8년 기축(己丑)

　　749년 3월 (양: 749년 4월)

　　▶ (春)三月 置天文博士一員 漏刻博士六員　(삼국사기 신라본기 9)

　　　(봄) 3월에 천문박사 1명과 누각박사 6명을 두었다.

　　▶ 天文博士 後改爲司天博士　(삼국사기 잡지 8 직관)

　　　천문박사(天文博士)는 이후에 司天博士로 고쳤다.

　　▶ 春三月 置天文博士一員 漏刻博士六員　(동국통감 권 10 신라기)

766년 신라 혜공왕(惠恭王) 2년 병오(丙午)

　　766년 (양: 766년)

　　▶ 允中庶孫巖 性聰敏 好習方術 少壯爲伊湌 入唐宿衛 間就師學陰陽家法 聞一
　　　隅 則反之以三隅 自述遁甲立成之法 呈於其師 … 大曆中 還國 爲司天大博士

　　　　　　　　　　　　　　　　　　　　　　　　　　　　　　(삼국사기 열전 3)

　　　윤중(김유신의 적손)의 서손(유신의 6대손) 암(巖)은 방술(方術) 익히기를 좋아하였다.
　　　젊어서 이찬이 되어 당에 들어가 숙위로 있으면서 간혹 스승께 나아가 음양가의
　　　술법을 배워 하나를 들으면 셋을 미루어 알았다. 스스로 둔갑입성법을 저술하고
　　　스승에게 바쳤다. … 당의 대종(代宗)때인 대력(766~779년)때 귀국하여 사천대박사가
　　　되었다.

11. 천문대

427 ~
518년

고구려 장수왕(長壽王) ~ 문자명왕(文咨明王)
427~518년 (양: 500년)

▶ 瞻星臺 址在府南三里 (동국여지승람 권 51 평안도 평양부)

첨성대: 터가 (평양)부의 남쪽 3리에 있다.[79]

시(詩)　　李穡詩 松山　　목은 이색의 시, 송산

(한국고전종합DB 목은집)

百二山河擁鵠峯　백이의 산하가 곡봉을 감싸 안았는데
肩輿直上八仙宮　견여 타고 곧장 팔선궁을 올라서 보니
南江明甚西江暗　남강은 매우 밝은데 서강은 어득하여
咫尺陰晴自不同　지척 새에 흐리고 맑음이 절로 다르네

川上星壇迥接天　냇가의 첨성대는 멀리 하늘에 가닿았고
沙根蓮宇冷無煙　사근사 절집은 썰렁하여 인적이 없네
當時百拜身無汗　당시엔 백 번 절해도 몸에 땀 안 났는데
今日扶輿亦可憐　오늘은 견여 탄 신세 또한 가련하구나

---

79 이 첨성대는 고구려 첨성대를 말하며, 언제 축조되었는지 알 수 없다. 장수왕은 재위 15년(427년)에 지금의
평양에 천도하였다. 이 첨성대는 천도 이후로 문자명왕 까지인 5세기에 축조된 것으로 추측할 수 있다(전상운,
한국과학사의 새로운 이해, p. 220).

632 ~   신라 선덕왕(善德王)
647년   632~647년 (양: 632~647년)

▶ 瞻星臺 新羅善德女主所築   (고려사 지제 11 지리 2)
첨성대는 신라 선덕여왕이 지었다.

▶ 唐貞觀二十一年 善德女主十六年... (春正月) 新羅作瞻星臺 累石爲之 上方
下圓 通其中人由中而上 高數丈   (동국통감 권 7 삼국기)
당 정관 21년 선덕여왕 16년(647년) ... (봄 정월) ... 신라에 첨성대를
지었는데, 돌을 쌓아 만들었다. 위는 네모지고, 아래는 원형으로 하였고,
그 가운데를 사람이 다닐 수 있게 하였다. 높이는 수 장(丈)이다.

▶ 瞻星臺 在府東南三里   ([신증]동국여지승람 권 21 경주부 고적)
첨성대는 (경주)부의 동남쪽 3리에 있다.

▶ 善德女主時 鍊石築臺 上方下圓 高十九尺 通其中 人由中而上下 以候天文
([신증]동국여지승람 권 21 경주부 고적)
선덕여왕 때 돌을 다듬어 대를 쌓았는데 위는 네모나고 밑은 둥글며 높이는 19
자이고 가운데는 비어 있다. 사람이 가운데로 오르내리며 천문을 관측했다.

▶ 別記云 是王代 鍊石築瞻星臺   (삼국유사 권 1 기이 제1 선덕왕지기삼사)
별기(別記)에 전하기를 이 왕대(王代)에 돌을 다듬어 첨성대(瞻星臺)를
만들었다.

▶ 瞻星臺 在府城南隅 唐太宗貞觀七年癸巳 新羅善德女主所築 累石爲之 上方下圓 高
十九尺五寸 上周圍二十一尺六寸 下周圍三十五尺七寸 通其中 人由中而上
(세종실록 권 150 지리지)
첨성대는 (경주)부의 성 남쪽 모퉁이에 있다. 당 태종 정관(貞觀) 7년(633) 계사년에
신라 선덕여왕이 지은 것으로 돌을 쌓아 만들었다. 위는 네모로 되었고 밑부분은
둥근 모양이다. 높이가 19자5치, 윗 부분의 둘레는 21자 6치이고 아랫부분 둘레는
35자 7치이다. 그 가운데를 통하게 하여, 사람이 가운데로 올라가게 되어 있다.

▶ 補新羅善德女王十六年 作瞻星臺鍊石築臺 上方下圓 高十九尺 通其中人由
其中而上下 以候天文   (증보문헌비고 상위고 2)

시(詩) 安軸詩 月城瞻星臺 안축의 시, (동남팔경중) 월성첨성대

([신증]동국여지승람 권 21 경주부 고적)

前代興亡歲月經　전대(前代)의 흥망이 세월이 지나
石臺千尺聳靑冥　천척(千尺)의 석대만이 하늘에 솟아있네
何人今日觀天象　어떤 사람이 오늘날 천상(天象)을 살핀다면
一點文星作使星　문성(文星)의 한 점이 사성(使星)으로 되었다하리

시(詩) 鄭夢周詩 정몽주의 시

([신증]동국여지승람 권 21 경주부 고적)

瞻星臺兀月城中　월성 가운데 첨성대 우뚝하고
玉笛聲含萬古風　옥피리 소리는 만고의 바람을 머금었구나
文物己隨羅代盡　문물은 이미 신라와 함께 다하였건만
嗚呼山水古今同　슬프다. 산과 물은 고금이 같구나

시(詩) 曺偉詩 조위의 시

([신증]동국여지승람 권 21 경주부 고적)

離離禾黍暗阡陌　늘어진 벼와 기장으로 밭둑 길 어두운데
中有崇臺高百尺　한가운데에 백척이나 되는 높은 대가 있네
根連黃媼地中深　기단은 대지(大地) 속에 깊숙이 뻗쳤고
影對靑山雲外矗　그림자는 청산(靑山)과 마주하고 구름 밖에 뾰족하다.
齒餠當年民物醇　치병(齒餠)으로 임금을 정하던 당시에 민심은 순후 하였는데
羲和曆象次第陳　희씨(羲氏)·화씨(和氏)의 역상(歷象)의 관측도 차례로 베풀어졌네.
立圭測景觀日月　규표(圭表)를 세워 그림자를 재서 일월(日月)을 관찰하고
登臺望雲占星辰　대(臺)에 올라 구름을 바라보고 별로 점쳤네
乾文順度泰階平　천문이 도수에 순하여 태계(泰階)가 평온하고
狼鬛不現天宇淸　낭렴(狼鬛)이 나타나지 않으니 하늘이 맑았다
雨暘不愆民不瘥　기후가 알맞아 백성이 재앙 받지 않으니
豐登四野謳謠聲　사방 들에 풍년을 즐기는 노래 소리 터졌네
乾坤萬古舟藏壑　천지 만고에 구렁에 감춘 배나
不見金甌終妥帖　견고한 금사발도 끝까지 온전한 것은 못 보았네
紛紛人世幾番塵　어지러운 인간 세계 몇 번의 먼지인가?
金碧觚稜盡荊棘　화려한 궁궐 모서리 모두 가시밭이 되었어도
刧火不燒渠獨在　겁화(刧火)에도 타지 않고 저만 홀로 남아 있어
累石巋然風雨外　포개진 돌이 풍우(風雨) 밖에서 우뚝하네
魯中觀臺今有無　노 나라의 영광전(靈光殿) 지금도 있는지?
羅時制作堪一噫　신라 때의 제작(制作) 한 번 감탄할 만하구나

142

Ⅲ. 한국과 중국의 천문현상 기록비교

1. 일식 기록 비교
2. 혜성 기록 비교

1. 일식 기록 비교

番號	西紀 年 月 日	韓國	記錄 年代	記錄 內容	실현여부
1	BC 54　5　9	新羅	赫居世　9	夏四月 辛丑朔 日有食之	
2	BC 34　8　23	新羅	赫居世 24	夏六月 壬申晦 日有食之	식 없음.
3	BC 28　6　19	新羅	赫居世 30	夏四月 己亥晦 日有食之	
4	BC 26 10 23	新羅	赫居世 32	秋八月 乙卯晦 日有食之	
5	BC 15　3　29	新羅	赫居世 43	春二月 乙酉晦 日有食之	
6	BC 13　8　31	百濟	溫祚王　6	秋七月 辛未晦 日有食之	
7	BC 2　2　5	新羅	赫居世 56	春正月 辛丑朔 日有食之	
8	2 11 23	新羅	赫居世 59	秋九月 戊申晦 日有食之	
9	6 11 10	新羅	南解王　3	冬十月 丙辰朔 日有食之	식 없음.
10	16　8　21	新羅	南解王 13	秋七月 戊子晦 日有食之	
11	73　7　23	百濟	多婁王 46	夏五月 戊午晦 日有食之	
12	87 10 15	百濟	己婁王 11	秋八月 乙未晦 日有食之	
13	92　7　23	百濟	己婁王 16	夏六月 戊戌朔 日有食之	
14	114　4	高句麗	太祖大王 62	春三月 日有食之	식 없음.
15	116　4　1	高句麗	太祖大王 64	春三月 日有食之	
16	124 10 25	高句麗	太祖大王 72	秋九月 庚申晦 日有食之	
17	124 10 25	新羅	祇摩王 13	秋九月 庚申晦 日有食之	
18	127　8　25	新羅	祇摩王 16	秋七月 甲戌朔 日有食之	
19	141 11 16	新羅	逸聖王　8	秋九月 辛亥晦 日有食之	
20	149　6　23	高句麗	次大王　4	夏四月 丁卯晦 日有食之	
21	155　3　20	百濟	蓋婁王 28	春正月 丙申晦 日有食之	식 없음. 誤記(丙申晦 → 癸亥晦)
22	158　7　13	高句麗	次大王 13	夏五月 甲戌晦 日有食之	
23	165　2　28	高句麗	次大王 20	春正月 晦 日有食之	
24	166　2　18	新羅	阿達羅王 13	春正月 辛亥朔 日有食之	誤記(辛亥朔 → 辛卯朔)
25	170　5　3	百濟	肖古王　5	春三月 丙寅晦 日有食之	식 없음.

番號	中國	記錄 年代	記錄 內容	中國
1	漢	宣帝 五鳳 4	四月 辛丑朔 日有食之, 在畢十九度	漢書 五行志
2	漢	元帝 建昭 5	六月 壬申晦 日有食之	漢書 元帝紀
			六月 壬申晦 日有食之 不盡 如鉤, 因入	漢書 五行志
3	漢	成帝 河平 1	四月 己亥晦 日有食之, 旣	漢書 成帝紀
			四月 己亥晦 日有食之, 不盡如鉤, 在東方六度, … 日蚤食 時, 從西南起	漢書 五行志
4	漢	成帝 河平 3	八月 乙卯晦 日有食之	漢書 成帝紀
			八月 乙卯晦 日有食之, 在房	漢書 五行志
5	漢	成帝 永始 2	二月 乙酉晦 日有食之	漢書 成帝紀
			二月 乙酉晦 日有食之, … 四方皆見, 京師陰蔽者	漢書 五行志
6	漢	成帝 永始 4	七月 辛未晦 日有食之	漢書 成帝紀, 漢書 五行志
7	漢	哀帝 元壽 1	正月 辛丑朔 日有食之	漢書 哀帝紀
			正月 辛丑朔 日有食之 不盡如鉤, 在營室十度	漢書 五行志
8	漢	平帝 元始 2	九月 戊申晦 日有食之	漢書 平帝紀
			九月 戊申晦 日有食之, 旣	漢書 五行志
9	漢	孺子嬰 居攝 1	十月 丙辰朔 日有食之	漢書 王莽傳
10	漢	王莽 天鳳 3	七月 戊子晦 日有食之	漢書 王莽傳
11	漢	明帝 永平16	五月 戊午晦 日有食之	後漢書 顯宗孝明帝紀
			五月 戊午晦 日有食之, 在柳十五度	後漢書 五行六
12	漢	章帝 章和 1	八月 乙未晦 日有食之	後漢書 肅宗孝章帝紀
			八月 乙未晦 日有食之, 史官不見, 佗官以聞, 日在氐四度	後漢書 五行六
13	漢	和帝 永元 4	六月 戊戌朔 日有食之	後漢書 孝和孝殤帝紀
			六月 戊戌朔 日有食之, 在七星二度	後漢書 五行六
14	-	-		
15	漢	安帝 元初 3	三月 辛亥 日有食之	後漢書 孝安帝紀
			三月 辛亥 日有食之, 在婁五度. 史官不見, 遼東以聞	後漢書 五行六
16	漢	安帝 延光 3	九月 庚申晦 日有食之	後漢書 孝安帝紀
17	漢	安帝 延光 3	九月 庚申晦 日有食之, 在氐十五度	後漢書 五行六
18	漢	順帝 永建 2	七月 甲戌朔 日有食之	後漢書 孝順孝衝孝質帝紀
			七月 甲戌朔 日有食之, 在翼九度	後漢書 五行六
19	漢	順帝 永和 6	九月 辛亥晦 日有食之	後漢書 孝順孝衝孝質帝紀
			九月 辛亥晦 日有食之, 在尾十一度	後漢書 五行六
20	漢	桓帝 建和 3	四月 丁卯晦 日有食之	後漢書 孝桓帝紀
			四月 丁卯晦 日有食之, 在東井二十三度	後漢書 五行六
21	-	-		
22	漢	桓帝 延熹 1	五月 甲戌晦 日有食之	後漢書 孝桓帝紀
			五月 甲戌晦 日有食之, 在柳七度	後漢書 五行六
23	漢	桓帝 延熹 8	正月 丙申晦 日有食之	後漢書 孝桓帝紀
			正月 丙申晦 日有食之, 在營室十三度	後漢書 五行六
24	漢	桓帝 延熹 9	正月 辛卯朔 日有食之	後漢書 孝桓帝紀
			正月 辛卯朔 日有食之, 在營室三度. 史官不見, 君國以聞	後漢書 五行六
25	漢	靈帝 建寧 3	三月 丙寅晦 日有食之(5/3)*	後漢書 孝靈帝紀
			三月 丙寅晦 日有食之, 梁相以聞	後漢書 五行六

★ 괄호 안의 숫자는 월일을 의미함.

番號	西紀 年 月 日	韓國	記錄 年代	記錄 內容	실현여부
26	178 11 27	高句麗	新大王 14	冬十月 丙子晦日有食之	
27	186 7 4	高句麗	故國川王 8	五月 壬辰晦日有食之	식 없음.
28	186 7 4	新羅	伐休王 3	夏五月 壬申晦 日有食之	식 없음. 誤記(壬申晦 → 壬辰晦)
29	189 5 3	百濟	肖古王 24	夏四月 丙午朔 日有食之	
30	193 2 19	新羅	伐休王 10	春正月 甲寅朔 日有食之	
31	194 8 4	新羅	伐休王 11	夏六月 乙巳晦 日有食之	
32	200 9 26	新羅	奈解王 5	秋九月 庚午朔 日有食之	
33	201 3 22	新羅	奈解王 6	春三月 丁卯朔 日有食之	誤記(三月 → 二月)
34	212 8 14	百濟	肖古王 47	夏六月 庚寅晦 日有食之	
35	219 4 2	高句麗	山上王 23	春二月 壬子晦 日有食之	
36	221 8 5	百濟	仇首王 8	六月 戊辰晦 日有食之	
37	223 1 19	百濟	仇首王 9	冬十一月 庚申晦 日有食之	
38	256 12 4	新羅	沾解王 10	冬十月 晦 日有食之	식 없음.
39	273 8 1	高句麗	西川王 4	秋七月 丁酉朔 日有食之	식 없음.
40	308 2 8	百濟	比流王 5	春正月 丙子朔 日有食之	식 없음. 誤記(丙子朔 → 丙午朔)
41	335 11 2	百濟	比流王 32	冬十月 乙未朔 日有食之	식 없음.
42	368 4 4	百濟	近肖古王 23	春三月 丁巳朔 日有食之	
43	392 6 7	百濟	辰斯王 8	夏五月 丁卯朔 日有食之	
44	400 7 8	百濟	阿莘王 9	夏六月 庚辰朔 日有食之	
45	417 2 3	百濟	腆支王 13	春正月 甲戌朔 日有食之	
46	419 12 3	百濟	腆支王 15	冬十一月 丁亥朔 日有食之	
47	440 5 17	百濟	毗有王 14	夏四月 戊午朔 日有食之	
48	468 11 1	百濟	蓋鹵王 14	冬十月 癸酉朔 日有食之	
49	478 4 19	百濟	三斤王 2	春三月 己酉朔 日有食之	식 없음.
50	495 6 9	百濟	東城王 17	夏五月 甲戌朔 日有食之	식 없음. 誤記(東城王17年 → 16年)

番號	中國	記錄 年代	記錄 內容	中國
26	漢	靈帝 光和 1	十月 丙子晦 日有食之	後漢書 孝靈帝紀
			十月 丙子晦 日有食之, 在箕四度	後漢書 五行六
27	漢	靈帝 中平 3	五月 壬辰晦 日有食之	後漢書 孝靈帝紀
28	漢	靈帝 中平 3	五月 壬辰晦 日有食之	後漢書 五行六
29	漢	靈帝 中平 6	四月 丙午朔 日有食之	後漢書 孝靈帝紀
				後漢書 五行六
30	漢	獻帝 初平 4	正月 甲寅朔 日有食之	後漢書 孝獻帝紀
			正月 甲寅朔 日有食之, 在營室四度. 未晡一刻而食	後漢書 五行六
31	漢	獻帝 興平 1	六月 乙巳晦 日有食之	後漢書 孝獻帝紀
				後漢書 五行六
32	漢	獻帝 建安 5	九月 庚午朔 日有食之	後漢書 孝獻帝紀
				後漢書 五行六
33	漢	獻帝 建安 6	三月 丁卯朔 日有食之	後漢書 孝獻帝紀
34	漢	獻帝 建安17	六月 庚寅晦 日有食之	後漢書 孝獻帝紀
				後漢書 五行六
35	漢	獻帝 建安20	二月 壬子晦 日有食之	後漢書 孝獻帝紀
			二月 壬子晦 日有食之, 凡漢中興十二世, 百九十六年, 日食七十二, 朔三十二, 晦三十七, 月二日三	後漢書 五行六
36	魏	文帝 黃初 1	六月 戊辰晦 日有食之	三國志 緯書, 宋書 五行五, 晉書 天文中
			六月 戊辰晦 加時未日食	晉書 律曆中
37	魏	文帝 黃初 3	十一月 庚申晦 日有食之	三國志 緯書, 宋書 五行五, 晉書 天文中
			十一月 庚申晦 加時西南維日食	晉書 律曆中
38	－	－	－	－
39	晉	武帝 泰始 9	七月 丁酉朔 日有食之	晉書 世祖武帝, 晉書 天文中
40	晉	懷帝 永嘉 2	正月 丙午朔 日有食之	宋書 五行五, 晉書 孝懷帝
41	晉	成帝 咸康 1	十月 乙未朔 日有食之	宋書 五行五, 晉書 成帝, 晉書 天文中
42	晉	海西公 太和 3	三月 丁巳朔 日有食之	宋書 五行五, 晉書 海西公, 晉書 天文中
43	晉	武帝 太元17	五月 丁卯朔 日有食之	宋書 五行五, 晉書 孝武帝, 晉書 天文中
44	晉	安帝 隆安 4	六月 庚辰朔 日有食之	宋書 五行五, 晉書 安帝, 晉書 天文中
45	晉	安帝 義熙13	正月 甲戌朔 日有食之	宋書 五行五, 晉書 安帝, 晉書 天文中
46	晉	恭帝 元熙 1	十一月 丁亥朔 日有食之	宋書 五行五, 晉書 恭帝, 晉書 天文中
47	宋	文帝 元嘉17	四月 戊午朔 日有食之	宋書 文帝, 宋書 五行五, 南史 宋本紀
48	宋	明帝 泰始 4	十月 癸酉朔 日有食之	宋書 明帝, 宋書 五行五, 南史 宋本紀
49	宋	順帝 昇明 2	三月 己酉朔 日有食之	南史 宋本紀
50	－	－	－	

番號	西紀 年 月 日	韓國	記錄 年代	記錄 內容	실현여부
51	516 4 18	百濟	武寧王 16	春三月 戊辰朔 日有食之	
52	547 2 6	百濟	聖王 25	春正月 己亥朔 日有食之	
53	555 2 6	高句麗	陽原王 10	冬十二月 晦 日有食之	식 없음.
54	559 6 20	百濟	威德王 6	夏五月 丙辰朔 日有食之	식 없음. 誤記(五月 → 閏五月)
55	572 9 23	百濟	威德王 19	秋九月 庚子朔 日有食之	
56	592 9 10	百濟	威德王 39	秋七月 壬申晦 日有食之	식 없음.
57	787 9 16	新羅	元聖王 3	秋八月 辛巳朔 日有食之	
58	789 1 31	新羅	元聖王 5	春正月 甲辰朔 日有食之	
59	792 11 19	新羅	元聖王 8	冬十一月 壬子朔 日有食之	
60	801 6 15	新羅	哀莊王 2	五月 壬戌朔 日當食不食	
61	808 7 27	新羅	哀莊王 9	七月 辛巳朔 日有食之	
62	815 9 7	新羅	憲德王 7	秋八月 己亥朔 日有食之	
63	818 7 7	新羅	憲德王 10	夏六月 癸丑朔 日有食之	
64	836 1 22	新羅	興德王 11	春正月 辛丑朔 日有食之	식 없음.
65	844 2 22	新羅	文聖王 6	春二月 甲寅朔 日有食之	
66	888 4 15	新羅	眞聖王 2	春三月 戊戌朔 日有食之	
67	911 2 2	新羅	孝恭王 15	春正月 丙戌朔 日有食之	

番號	中國	記錄 年代	記錄 內容	中國
51	梁	武帝 天監15	三月 戊辰朔 日有食之	梁書 武帝中
			三月 戊辰朔 日有食之, 既	南史 梁本紀
52	東魏	孝靜帝 武定5	正月 己亥朔 日有食之, 從西南角起	魏書 天象志
			正月 己亥朔 日有食之	北史 齊本紀
	梁	武帝 太淸1	正月 己亥朔 日有食之	南史 梁本紀
53	-	-	-	
54	陳	武帝 永定3	五月 丙辰朔 日有食之	陳書 高祖下
				南史 陳本紀, 隨書 天文下
55	北周	武帝 建德1	九月 庚子朔 日有食之	周書 武帝上, 北史 周本紀
	陳	宣帝 太建4	九月 庚子朔 日有食之	陳書 宣帝, 南史 陳本紀
56	隨	文帝 開皇12	七月 壬申晦 日有食之	隨書 高祖下, 北史 隨本紀
57	唐	德宗 貞元3	八月 辛巳朔 日有食之	舊唐書 德宗上, 新唐書 德宗
			八月 辛巳朔 日食	舊唐書 天文下
			八月 辛巳朔 日有食之, 在軫八度	新唐書 天文二
58	唐	德宗 貞元5	正月 甲辰朔 日有食之	新唐書 德宗
			正月 甲辰朔 日有食之, 在營室六度	新唐書 天文二
59	唐	德宗 貞元8	十一月 壬子朔 日有食之	舊唐書 德宗下, 新唐書 德宗
			十一月 壬子朔 司天監 徐承嗣 奏: "據曆, 合食八分, 今退食三分"	舊唐書 天文下
			十一月 壬子朔 日有食之, 在尾六度	新唐書 天文二
60	唐	德宗 貞元17	五月 壬戌朔 日有食之	舊唐書 德宗下, 新唐書 德宗
			五月 壬戌朔 日食	舊唐書 天文下
			五月 壬戌朔 日有食之, 在東井十度	新唐書 天文二
61	唐	憲宗 元和3	七月 辛巳朔 日有食之	舊唐書 憲宗下, 新唐書 憲宗
			七月 辛巳朔 日有食之, 在七星三度	新唐書 天文二
62	唐	憲宗 元和10	八月 己亥朔 日有食之	舊唐書 憲宗下, 新唐書 憲宗
			八月 己亥朔 日食	舊唐書 天文下
			八月 己亥朔 日有食之, 在翼十八度	新唐書 天文二
63	唐	憲宗 元和13	六月 癸丑朔 日有食之	舊唐書 憲宗下, 新唐書 憲宗
			六月 癸丑朔 日食	舊唐書 天文下
			六月 癸丑朔 日有食之, 在與鬼一度	新唐書 天文二
64	唐	文宗 開成1	正月 辛丑朔 日有食之	新唐書 文宗
			正月 辛丑朔 日有食之, 在虛三度	新唐書 天文二
65	唐	武宗 會昌4	二月 甲寅朔 日食	舊唐書 天文下
			二月 甲寅朔 日有食之	新唐書 武宗
			二月 甲寅朔 日有食之, 在營室七度	新唐書 天文二
66	唐	僖宗 文德1	三月 戊戌朔 日有食之, 既	新唐書 僖宗
			三月 戊戌朔 日有食之, 在胃一度	新唐書 天文二
67	遼	太祖 5	正月 丙戌朔 日有食之	遼書 太祖上

2. 혜성 기록 비교

番號	西紀 年月日	韓國	記錄 年代	記錄 內容
1	BC 49　4	新羅	赫居世 9	春三月 有星孛于王良
2	BC 44　5	新羅	赫居世 14	夏四月 有星孛于参
3	BC 04　3 24	新羅	赫居世 54	春二月 己酉 星孛于河鼓
4	46　12	高句麗	閔中王 3	冬十一月 星孛于南 二十日而滅
5	54　3	新羅	儒理尼師今 31	春二月 星孛于紫宮
6	59　7	新羅	脫解尼師今 3	(夏)六月 有星孛于天船
7	79　4	新羅	脫解尼師今 23	春二月 彗星見東方 又見北方 二十日乃滅
8	85　5	新羅	婆娑尼師今 6	夏四月 客星入紫微
9	85　5	百濟	己婁王 9	夏四月 乙巳 客星入紫微
10	128　9	新羅	祇摩尼師今 17	秋八月 長星竟天
11	149　9	新羅	逸聖尼師今 16	秋八月 有星孛于天市
12	153　11	新羅	逸聖尼師今 20	冬十月… 彗星見東方 又見東北方
13	154　1 31	高句麗	次大王 8	冬十二月… 晦 客星犯月
14	158　3	高句麗	次大王 13	春二月 星孛于北斗
15	182　8	高句麗	故國川王 4	秋七月 星孛于太微
16	186　11	百濟	肖古王 21	冬十月…星孛于西北 二十日而滅
17	191　10	百濟	肖古王 26	秋九月 蚩尤旗見于角亢
18	191　10	新羅	伐休尼師今 8	秋九月 蚩尤旗見于角亢
19	204　11	百濟	肖古王 39	冬十月 星孛于東井
20	217　12	高句麗	山上王 21	冬十月 星孛于東北
21	260　8	新羅	沾解尼師今 14	秋七月 星孛于東方 二十五日而滅
22	269　10	百濟	古爾王 36	秋九月 星孛于紫宮
23	299　10	高句麗	烽上王 8	秋九月 客星犯月
24	301　1	高句麗	美川王 1	冬十二月 星孛于東方
25	302　5	百濟	汾西王 5	夏四月 彗星晝見
26	315　9	高句麗	美川王 16	秋八月 星孛于東北
27	336　2	百濟	比流王 33	春正月 辛巳 彗星見于奎
28	383　10	高句麗	小獸林王 13	秋九月 星孛于西北
29	390　8	百濟	辰斯王 6	秋七月 星孛于北河
30	395　3	百濟	阿莘王 4	春二月 星孛于西北 二十日而滅

番號	中國	記錄 年代	記錄 內容	參考文獻
1	漢	宣帝 黃龍 1	三月 有星孛于王良, 閣道, 入紫宮 三月 客星居王良東北, 可九尺, 長丈餘, 西指, 出閣道間, 　至紫宮	漢書 宣帝紀 漢書 天文志
2	漢	元帝 初元 5	四月 彗星出西北, 赤黃色, 長八尺所, 後數日 長丈餘. 　東北指, 在參分	漢書 天文志
3	漢	哀帝 建平 3	三月 己酉 有星孛于河鼓 (4/24)	漢書 哀帝紀
4	–			
5	後漢	光武帝 建武 30	閏月 癸丑 有星孛于紫宮 (4/29)	後漢書, 光武帝紀
6	–	–	–	
7	(後漢)	–	(六月 丁卯 有星孛于天船北) (60/8/9)	(後漢書, 明帝紀)
8	後漢	章帝 元和 2	四月 丁巳 客星晨出東方, 在胃八度, 長三尺, 歷閣道 　入紫宮, 留四十日滅 (5/20)	後漢書 天文志
9	–	–	–	
10	–	–	–	
11	後漢	桓帝 建和 3	八月 乙丑 有星孛于天市 (10/19) 八月 乙丑 彗星芒長五尺, 見天市中, 東南指, 色黃白, 　九月戊辰不見	後漢書 桓帝紀 後漢書 天文志
12	–	–	–	
13	–	–	–	
14	–	–	–	
15	後漢	靈帝 光和 5	七月 有星孛于太微 七月 彗星出三台下, 東行入太微, 至太子, 幸臣, 　二十余日而消	後漢書 靈帝紀 後漢書 天文志
16	–	–	–	
17	後漢	獻帝 初平 2	九月 蚩尤旗見于角, 亢	後漢書, 獻帝紀
18			九月 蚩尤旗見, 長十餘丈, 色白, 出角, 亢之南	後漢書, 獻帝紀
19	後漢	獻帝 建安 9	十月 有星孛于東井	後漢書, 獻帝紀
20	後漢	獻帝 建安 20	冬 有星孛于東北	後漢書, 獻帝紀
21	–	–	–	
22	晋	武帝 泰始 5	九月 有星孛于紫宮	天文志(宋書,晋書)
23	–	–	–	
24	晋	惠帝 永康 1	十二月 彗星見于之西, 指天市 十二月 彗星見于東方	天文志(宋書,晋書) 晋書 惠帝紀
25	晋	惠帝 太安 1	四月 彗星晝見	晋書 惠帝紀, 晋書 天文志
26	–	–	–	
27	晋	成帝 咸康 2	正月 辛巳 彗星夕見于西方, 在奎 正月 辛巳 彗星見于奎 (2/16)	天文志(宋書,晋書) 晋書 成帝紀
28	–	–	–	
29	晋	孝武帝 太元 15	七月 壬申 有星孛于北河戒, 經太微, 三台, 文昌, 入北斗, 　長十餘丈, 八月戊戌, 入紫宮, 乃滅 (8/22) 七月 壬申 有星孛于北河戒, 經太微, 三台, 文昌,入北斗, 　色白, 長十餘丈, 八月戊戌, 入紫宮, 乃滅	宋書 天文志 晋書 天文志
30	–	–	–	

* 괄호 안의 숫자는 월일을 의미함.

番號	西紀 年月日	韓國	記錄 年代	記錄 內容
31	400　3	百濟	阿莘王 9	春二月 星孛于奎婁
32	400　9	新羅	奈勿尼師今 45	秋八月 星孛于東方
33	415　6 24	百濟	腆支王 11	夏五月 甲申 彗星見
34	419　2 17	百濟	腆支王 15	春正月 戊戌 星孛于大微
35	454	百濟	毗有王 28	星孛于西北 長二丈許
36	579 11	百濟	威德王 26	冬十月 長星竟天 二十日而滅
37	595　1 9	百濟	威德王 41	冬十一月 癸未 星孛于角亢
38	640　2	百濟	武王 41	春正月 星孛于西北
39	647　9	新羅	眞德王 1	(秋)八月 彗星出於南方 又衆星北流
40	662　4	新羅	文武王 2	[增補文獻備考] 春 客星見南方
41	668　5	高句麗	寶藏王 27	夏四月 彗星見於畢昴之間 唐許敬宗曰 彗見東北 高句麗將滅之兆也
42	668　5	新羅	文武王 8	夏四月 彗星守天船
43	668　8 5	新羅	文武王 8	古記云 總章元年 戊辰 六月二十二日至 忽如 大甕光彩 星飛北方
44	672 10	新羅	文武王 12	秋九月 彗星七出北方
45	673　2	新羅	文武王 13	春妖星見 地震 大王憂之
46	676　8	新羅	文武王 16	秋七月 彗星出北河積水之間 長六七許步
47	683 11	新羅	神文王 3	冬十月 彗星出五車
48	693　7 20	新羅	孝昭王 2	[三國遺事]六月十二日 有彗星孛于東方 十七日 又孛于西方 日官奏曰 不封爵於琴笛之瑞
49	699　3	新羅	孝昭王 8	春二月 白氣竟天 星孛于東
50	701　3	新羅	孝昭王 10	春二月 彗星入月
51	745　1	新羅	景德王 3	冬妖星出中天 大如五斗器 浹旬乃滅
52	759　4	新羅	景德王 18	春三月 彗星見 至秋乃滅
53	761　5	新羅	景德王 20	夏四月 彗星出
54	764　4	新羅	景德王 23	(春)三月 星孛于東南
55	768　4	新羅	惠恭王 4	春 彗星出東北
56	770　6 9	新羅	惠恭王 6	夏五月十一日 彗星出五車北 至六月十二日滅
57	815　9	新羅	憲德王 7	(秋八月)大星出翼軫間 指庚 芒長六許尺 廣二許寸
58	836　7	新羅	興德王 11	夏六月 星孛于東
59	839　1	新羅	閔哀王 1	冬 彗星見西方 芒角指東
60	868　1	新羅	景文王 7	(冬)十二月 客星犯太白
61	875　3	新羅	景文王 15	春二月 星孛于東 二十日乃滅
62	908　3	新羅	孝恭王 12	春二月 星孛于東

番號	中國	記錄 年代	記錄 內容	參考文獻
31	晋	安帝 隆安 4	二月 己丑 有星孛于奎, 長三丈, 上至閣道紫宮西蕃, 入斗魁, 至三台, 太微, 帝座, 端門 (3/19) 二月 己丑 有星孛于奎, 婁, 進至紫微 二月 己丑 有星孛于奎, 長三丈, 上至閣道, 紫宮西蕃, 入北斗魁, 至三台, 三月, 遂經于太微帝座端門	宋書 天文志 晋書 安帝紀 晋書 天文志
32	–	–	–	
33	北魏	太宗 神瑞 2	五月 甲申 彗星出天市, 掃帝座, 在房心北	魏書 天象志
34	晋	恭帝 元熙 1	正月 戊戌 有星孛于太微西藩	晋書 天文志, 晋書 恭帝紀
35	北魏	文成帝高宗 興安 2	有星孛于西方	魏書 天象志
36	–	–		
37	隨	文帝 開皇 14	十日月 癸未 有星孛于角, 亢(1/9) 十日月 癸未 有彗星孛于虛危及奎婁	隨書 高祖 隨書 天文下
38	–	–		
39	–	–		
40	–	–		
41	唐	高宗 總長 1	四月 丙辰 有彗星孛于畢,卯之間, …. 乙亥, 彗星滅 四月 丙辰 有彗星出五車 (5/18)	舊唐書 高宗下 新唐書 高宗
42	–	–		
43	–	–		
44	–	–		
45	–	–		
46	唐	高宗 上元 3	七月 彗起東井, 指北河, 漸東北, 長三丈, 掃中台, 指文昌宮, 五十八日方滅	舊唐書 高宗下
47	–	–		
48	–	–		
49	–	–		
50	–	–		
51	–	–		
52	–	–		
53	–	–		
54	–	–		
55	–	–		
56	唐	代宗 大曆 5	四月 己未(5/26) 夜, 彗起五車, 長三丈. … 五月 己卯 (6/15) 夜. 彗起北方,其色白. … 六月 己未, 彗星始滅(7/25) 四月 己未(5/26) 夜, 彗出五車, 蓬孛, 光芒長三丈. 五月 己卯(6/15) 夜. 彗出北方,其色白. 癸未夜, 彗隨天 東行, 近八谷, … 癸卯, 彗去三公二尺, 己未, 彗星滅	舊唐書 代宗 舊唐書 天文下
57	–	–		
58	–	–		
59	唐	文宗 開成 4	正月 己酉(2/7) 夜, 彗出西方, 在室十四度. 閏月二十三 日, 又見于巷舌北, 凡三十三日, 至二十六日夜滅	舊唐書 天文下
60	唐	懿宗 咸通 9	正月 有彗星出于婁, 胃	新唐書懿宗,新唐書 天文二
61	–	–		
62	–	–		

* 괄호안의 숫자는 월일을 의미함

부 록

1. 삼국시대 재위왕과 재위기간

대(代)	고구려			백제			신라		
	재위왕	즉위시기	세차	재위왕	즉위시기	세차	재위왕	즉위시기	세차
1	동명왕 東明王	BC 37	甲申	온조왕 溫祚王	BC 18	癸卯	거서간 居西干	BC 57	甲子
2	유리왕 琉璃王	BC19	壬寅	다루왕 多婁王	AD 28	戊子	남해왕 南解王	AD 4	甲子
3	대무신왕 大武神王	AD 18	戊寅	기루왕 己婁王	77	丁丑	유리왕 儒理王	24	甲申
4	민중왕 閔中王	44	癸卯	개루왕 蓋婁王	128	戊辰	탈해왕 脫解王	57	丁巳
5	모본왕 慕本王	48	戊申	초고왕 肖古王	166	丙午	파사왕 婆娑王	80	庚辰
6	태조왕 太祖王	53	癸丑	구수왕 仇首王	214	甲午	지마왕 祇摩王	112	壬子
7	차대왕 次大王	146	丙戌	사반왕 沙伴王	234	甲寅	일성왕 逸聖王	134	甲戌
8	신대왕 新大王	165	乙巳	고이왕 古爾王	234	甲寅	아달라왕 阿達羅王	154	甲午
9	고국천왕 故國川王	179	己未	책계왕 責稽王	286	丙午	벌휴왕 伐休王	184	甲子
10	산상왕 山上王	197	丁丑	분서왕 汾西王	298	戊午	나해왕 奈解王	196	丙子
11	동천왕 東川王	227	丁未	비류왕 比流王	304	甲子	조분왕 助賁王	230	庚戌
12	중천왕 中川王	248	戊辰	계왕 契王	344	甲辰	첨해왕 沾解王	247	丁卯
13	서천왕 西川王	270	庚寅	근초고왕 近肖古王	346	丙午	미추왕 味鄒王	262	壬午
14	봉상왕 烽上王	292	壬子	근구수왕 近仇首王	375	乙亥	유례왕 儒禮王	284	甲辰
15	미천왕 美川王	300	庚申	침류왕 枕流王	384	庚申	기림왕 基臨王	298	戊午
16	고국원왕 故國原王	331	辛卯	진사왕 辰斯王	385	乙酉	흘해왕 訖解王	310	庚午
17	소수림왕 小獸林王	371	辛未	아신왕 阿莘王	392	壬辰	나물왕 奈勿王	356	丙辰
18	고국양왕 故國壤王	384	甲申	전지왕 腆支王	405	乙巳	실성왕 實聖王	402	壬寅
19	광개토왕 廣開土王	391	辛卯	구이신왕 久爾辛王	420	庚申	눌지왕 訥祇王	417	丁巳
20	장수왕 長壽王	413	癸丑	비유왕 毗有王	427	丁卯	자비왕 慈悲王	458	戊戌
21	문자왕 文咨王	492	壬申	개로왕 蓋鹵王	455	乙未	소지왕 炤知王	479	己未

대(代)	고구려			백제			신라		
	재위왕	즉위시기	세차	재위왕	즉위시기	세차	재위왕	즉위시기	세차
22	안장왕 安藏王	519	己亥	문주왕 文周王	475	乙卯	지증왕 智證王	500	庚辰
23	안원왕 安原王	531	辛亥	삼근왕 三斤王	477	丁巳	법흥왕 法興王	514	甲午
24	양원왕 陽原王	545	乙丑	동성왕 東城王	479	己未	진흥왕 眞興王	540	庚申
25	평원왕 平原王	559	己卯	무령왕 武寧王	501	辛巳	진지왕 眞智王	576	丙申
26	영양왕 嬰陽王	590	庚戌	성 왕 聖 王	523	癸卯	진평왕 眞平王	579	己亥
27	영류왕 榮留王	618	戊寅	위덕왕 威德王	554	甲戌	선덕여왕 善德女王	632	壬辰
28	보장왕 寶藏王	642	壬寅	혜 왕 惠 王	598	戊午	진덕여왕 眞德女王	647	丁未
29	終	668	戊辰	법 왕 法 王	599	己未	무열왕 武烈王	654	甲寅
30	高句麗 704年			무 왕 武 王	600	庚申	문무왕 文武王	661	辛酉
31				의자왕 義慈王	641	辛丑	신문왕 神文王	681	辛巳
				終	660	庚申			
				百濟 677年					

신라 왕대	재위왕	즉위 시기	세차	신라 왕대	재위왕	즉위 시기	세차	신라 왕대	재위왕	즉위 시기	세차
32	효소왕 孝昭王	692	壬辰	41	헌덕왕 憲德王	809	己丑	50	정강왕 定康王	886	丙午
33	성덕왕 聖德王	702	壬寅	42	흥덕왕 興德王	826	丙午	51	진성여왕 眞聖女王	887	丁未
34	효성왕 孝成王	737	丁丑	43	희강왕 僖康王	836	丙辰	52	효공왕 孝恭王	897	丁巳
35	경덕왕 景德王	742	壬午	44	민애왕 閔哀王	838	戊午	53	신덕왕 神德王	912	壬申
36	혜공왕 惠恭王	765	乙巳	45	신무왕 神武王	839	己未	54	경명왕 景明王	917	丁丑
37	선덕왕 宣德王	780	庚申	46	문성왕 文聖王	839	己未	55	경애왕 景哀王	924	甲申
38	원성왕 元聖王	785	乙丑	47	헌안왕 憲安王	857	丁丑	56	경순왕 敬順王	927	丁亥
39	소성왕 昭聖王	799	己卯	48	경문왕 景文王	861	辛巳		終	935	乙未
40	애장왕 哀莊王	800	庚辰	49	헌강왕 憲康王	875	乙未	新羅 992년			

2. 60간지(六十干支) 순서표

갑(甲)일 초하루

일	1	2	3	4	5	6	7	8	9	10	11	12	13	14	15	16
간지	甲子	乙丑	丙寅	丁卯	戊辰	己巳	庚午	辛未	壬申	癸酉	甲戌	乙亥	丙子	丁丑	戊寅	甲申
	甲戌	乙亥	丙子	丁丑	戊寅	己卯	庚辰	辛巳	壬申	癸未	甲申	乙酉	丙戌	丁亥	戊子	甲午
	甲申	乙酉	丙戌	丁亥	戊子	己丑	庚寅	辛卯	壬辰	癸巳	甲午	乙未	丙申	丁酉	戊戌	甲辰
	甲午	乙未	丙申	丁酉	戊戌	己亥	庚子	辛丑	壬寅	癸卯	甲辰	乙巳	丙午	丁未	戊申	甲寅
	甲辰	乙巳	丙午	丁未	戊申	己酉	庚戌	辛亥	壬子	癸丑	甲寅	乙卯	丙辰	丁巳	戊午	甲子
	甲寅	乙卯	丙辰	丁巳	戊午	己未	庚申	辛酉	壬戌	癸亥	甲子	乙丑	丙寅	丁卯	戊辰	甲戌

일	16	17	18	19	20	21	22	23	24	25	26	27	28	29	30	31
간지	甲申	乙酉	丙戌	丁亥	戊子	己丑	庚寅	辛卯	壬辰	癸巳	甲午	乙未	丙申	丁酉	戊戌	己亥
	甲午	乙未	丙申	丁酉	戊戌	己亥	庚子	辛丑	壬寅	癸卯	甲辰	乙巳	丙午	丁未	戊申	己酉
	甲辰	乙巳	丙午	丁未	戊申	己酉	庚戌	辛亥	壬子	癸丑	甲寅	乙卯	丙辰	丁巳	戊午	己未
	甲寅	乙卯	丙辰	丁巳	戊午	己未	庚申	辛酉	壬戌	癸亥	甲子	乙丑	丙寅	丁卯	戊辰	己巳
	甲子	乙丑	丙寅	丁卯	戊辰	己巳	庚午	辛未	壬申	癸酉	甲戌	乙亥	丙子	丁丑	戊寅	己卯
	甲戌	乙亥	丙子	丁丑	戊寅	己卯	庚辰	辛巳	壬午	癸未	甲申	乙酉	丙戌	丁亥	戊子	己丑

을(乙)일 초하루

일	1	2	3	4	5	6	7	8	9	10	11	12	13	14	15	16
간지	乙丑	丙寅	丁卯	戊辰	己巳	庚午	辛未	壬申	癸酉	甲戌	乙亥	丙子	丁丑	戊寅	己卯	乙酉
	乙亥	丙子	丁丑	戊寅	己卯	庚辰	辛巳	壬午	癸未	甲申	乙酉	丙戌	丁亥	戊子	己丑	乙未
	乙酉	丙戌	丁亥	戊子	己丑	庚寅	辛卯	壬辰	癸巳	甲午	乙未	丙申	丁酉	戊戌	己亥	乙巳
	乙未	丙申	丁酉	戊戌	己亥	庚子	辛丑	壬寅	癸卯	甲辰	乙巳	丙午	丁未	戊申	己酉	乙卯
	乙巳	丙午	丁未	戊申	己酉	庚戌	辛亥	壬子	癸丑	甲寅	乙卯	丙辰	丁巳	戊午	己未	乙丑
	乙卯	丙辰	丁巳	戊午	己未	庚申	辛酉	壬戌	癸亥	甲子	乙丑	丙寅	丁卯	戊辰	己巳	乙亥

일	16	17	18	19	20	21	22	23	24	25	26	27	28	29	30	31
간지	乙酉	丙戌	丁亥	戊子	己丑	庚寅	辛卯	壬辰	癸巳	甲午	乙未	丙申	丁酉	戊戌	己亥	庚子
	乙未	丙申	丁酉	戊戌	己亥	庚子	辛丑	壬寅	癸卯	甲辰	乙巳	丙午	丁未	戊申	己酉	庚戌
	乙巳	丙午	丁未	戊申	己酉	庚戌	辛亥	壬子	癸丑	甲寅	乙卯	丙辰	丁巳	戊午	己未	庚申
	乙卯	丙辰	丁巳	戊午	己未	庚申	辛酉	壬戌	癸亥	甲子	乙丑	丙寅	丁卯	戊辰	己巳	庚午
	乙丑	丙寅	丁卯	戊辰	己巳	庚午	辛未	壬申	癸酉	甲戌	乙亥	丙子	丁丑	戊寅	己卯	庚辰
	乙亥	丙子	丁丑	戊寅	己卯	庚辰	辛巳	壬午	癸未	甲申	乙酉	丙戌	丁亥	戊子	己丑	庚寅

병(丙)일 초하루

일	1	2	3	4	5	6	7	8	9	10	11	12	13	14	15	16
간지	丙寅	丁卯	戊辰	己巳	庚午	辛未	壬申	癸酉	甲戌	乙亥	丙子	丁丑	戊寅	己卯	庚辰	丙戌
	丙子	丁丑	戊寅	己卯	庚辰	辛巳	壬午	癸未	甲申	乙酉	丙戌	丁亥	戊子	己丑	庚寅	丙申
	丙戌	丁亥	戊子	己丑	庚寅	辛卯	壬辰	癸巳	甲午	乙未	丙申	丁酉	戊戌	己亥	庚子	丙午
	丙申	丁酉	戊戌	己亥	庚子	辛丑	壬寅	癸卯	甲辰	乙巳	丙午	丁未	戊申	己酉	庚戌	丙辰
	丙午	丁未	戊申	己酉	庚戌	辛亥	壬子	癸丑	甲寅	乙卯	丙辰	丁巳	戊午	己未	庚申	丙寅
	丙辰	丁巳	戊午	己未	庚申	辛酉	壬戌	癸亥	甲子	乙丑	丙寅	丁卯	戊辰	己巳	庚午	丙子

일	16	17	18	19	20	21	22	23	24	25	26	27	28	29	30	31
간지	丙戌	丁亥	戊子	己丑	庚寅	辛卯	壬辰	癸巳	甲午	乙未	丙申	丁酉	戊戌	己亥	庚子	辛丑
	丙申	丁酉	戊戌	己亥	庚子	辛丑	壬寅	癸卯	甲辰	乙巳	丙午	丁未	戊申	己酉	庚戌	辛亥
	丙午	丁未	戊申	己酉	庚戌	辛亥	壬子	癸丑	甲寅	乙卯	丙辰	丁巳	戊午	己未	庚申	辛酉
	丙辰	丁巳	戊午	己未	庚申	辛酉	壬戌	癸亥	甲子	乙丑	丙寅	丁卯	戊辰	己巳	庚午	辛未
	丙寅	丁卯	戊辰	己巳	庚午	辛未	壬申	癸酉	甲戌	乙亥	丙子	丁丑	戊寅	己卯	庚辰	辛巳
	丙子	丁丑	戊寅	己卯	庚辰	辛巳	壬午	癸未	甲申	乙酉	丙戌	丁亥	戊子	己丑	庚寅	辛卯

정(丁)일 초하루

일	1	2	3	4	5	6	7	8	9	10	11	12	13	14	15	16
간지	丁卯	戊辰	己巳	庚午	辛未	壬申	癸酉	甲戌	乙亥	丙子	丁丑	戊寅	己卯	庚辰	辛巳	丁亥
	丁丑	戊寅	己卯	庚辰	辛巳	壬午	癸未	甲申	乙酉	丙戌	丁亥	戊子	己丑	庚寅	辛卯	丁酉
	丁亥	戊子	己丑	庚寅	辛卯	壬辰	癸巳	甲午	乙未	丙申	丁酉	戊戌	己亥	庚子	辛丑	丁未
	丁酉	戊戌	己亥	庚子	辛丑	壬寅	癸卯	甲辰	乙巳	丙午	丁未	戊申	己酉	庚戌	辛亥	丁巳
	丁未	戊申	己酉	庚戌	辛亥	壬子	癸丑	甲寅	乙卯	丙辰	丁巳	戊午	己未	庚申	辛酉	丁卯
	丁巳	戊午	己未	庚申	辛酉	壬戌	癸亥	甲子	乙丑	丙寅	丁卯	戊辰	己巳	庚午	辛未	丁丑

일	16	17	18	19	20	21	22	23	24	25	26	27	28	29	30	31
간지	丁亥	戊子	己丑	庚寅	辛卯	壬辰	癸巳	甲午	乙未	丙申	丁酉	戊戌	己亥	庚子	辛丑	壬寅
	丁酉	戊戌	己亥	庚子	辛丑	壬寅	癸卯	甲辰	乙巳	丙午	丁未	戊申	己酉	庚戌	辛亥	壬子
	丁未	戊申	己酉	庚戌	辛亥	壬子	癸丑	甲寅	乙卯	丙辰	丁巳	戊午	己未	庚申	辛酉	壬戌
	丁巳	戊午	己未	庚申	辛酉	壬戌	癸亥	甲子	乙丑	丙寅	丁卯	戊辰	己巳	庚午	辛未	壬申
	丁卯	戊辰	己巳	庚午	辛未	壬申	癸酉	甲戌	乙亥	丙子	丁丑	戊寅	己卯	庚辰	辛巳	壬午
	丁丑	戊寅	己卯	庚辰	辛巳	壬午	癸未	甲申	乙酉	丙戌	丁亥	戊子	己丑	庚寅	辛卯	壬辰

무(戊)일 초하루

일	1	2	3	4	5	6	7	8	9	10	11	12	13	14	15	16
간지	戊辰	己巳	庚午	辛未	壬申	癸酉	甲戌	乙亥	丙子	丁丑	戊寅	己卯	庚辰	辛巳	壬午	戊子
	戊寅	己卯	庚辰	辛巳	壬午	癸未	甲申	乙酉	丙戌	丁亥	戊子	己丑	庚寅	辛卯	壬辰	戊戌
	戊子	己丑	庚寅	辛卯	壬辰	癸巳	甲午	乙未	丙申	丁酉	戊戌	己亥	庚子	辛丑	壬寅	戊申
	戊戌	己亥	庚子	辛丑	壬寅	癸卯	甲辰	乙巳	丙午	丁未	戊申	己酉	庚戌	辛亥	壬子	戊午
	戊申	己酉	庚戌	辛亥	壬子	癸丑	甲寅	乙卯	丙辰	丁巳	戊午	己未	庚申	辛酉	壬戌	戊辰
	戊午	己未	庚申	辛酉	壬戌	癸亥	甲子	乙丑	丙寅	丁卯	戊辰	己巳	庚午	辛未	壬申	戊寅

일	16	17	18	19	20	21	22	23	24	25	26	27	28	29	30	31
간지	戊子	己丑	庚寅	辛卯	壬辰	癸巳	甲午	乙未	丙申	丁酉	戊戌	己亥	庚子	辛丑	壬寅	癸卯
	戊戌	己亥	庚子	辛丑	壬寅	癸卯	甲辰	乙巳	丙午	丁未	戊申	己酉	庚戌	辛亥	壬子	癸丑
	戊申	己酉	庚戌	辛亥	壬子	癸丑	甲寅	乙卯	丙辰	丁巳	戊午	己未	庚申	辛酉	壬戌	癸亥
	戊午	己未	庚申	辛酉	壬戌	癸亥	甲子	乙丑	丙寅	丁卯	戊辰	己巳	庚午	辛未	壬申	癸酉
	戊辰	己巳	庚午	辛未	壬申	癸酉	甲戌	乙亥	丙子	丁丑	戊寅	己卯	庚辰	辛巳	壬午	癸未
	戊寅	己卯	庚辰	辛巳	壬午	癸未	甲申	乙酉	丙戌	丁亥	戊子	己丑	庚寅	辛卯	壬辰	癸巳

기(己)일 초하루

일	1	2	3	4	5	6	7	8	9	10	11	12	13	14	15	16
간지	己巳	庚午	辛未	壬申	癸酉	甲戌	乙亥	丙子	丁丑	戊寅	己卯	庚辰	辛巳	壬午	癸未	己卯
	己卯	庚辰	辛巳	壬午	癸未	甲申	乙酉	丙戌	丁亥	戊子	己丑	庚寅	辛卯	壬辰	癸巳	己丑
	己丑	庚寅	辛卯	壬辰	癸巳	甲午	乙未	丙申	丁酉	戊戌	己亥	庚子	辛丑	壬寅	癸卯	己亥
	己亥	庚子	辛丑	壬寅	癸卯	甲辰	乙巳	丙午	丁未	戊申	己酉	庚戌	辛亥	壬子	癸丑	己酉
	己酉	庚戌	辛亥	壬子	癸丑	甲寅	乙卯	丙辰	丁巳	戊午	己未	庚申	辛酉	壬戌	癸亥	己未
	己未	庚申	辛酉	壬戌	癸亥	甲子	乙丑	丙寅	丁卯	戊辰	己巳	庚午	辛未	壬申	癸酉	己巳

일	16	17	18	19	20	21	22	23	24	25	26	27	28	29	30	31
간지	己卯	庚辰	辛巳	壬午	癸未	甲申	乙酉	丙戌	丁亥	戊子	己丑	庚寅	辛卯	壬辰	癸巳	甲午
	己丑	庚寅	辛卯	壬辰	癸巳	甲午	乙未	丙申	丁酉	戊戌	己亥	庚子	辛丑	壬寅	癸卯	甲辰
	己亥	庚子	辛丑	壬寅	癸卯	甲辰	乙巳	丙午	丁未	戊申	己酉	庚戌	辛亥	壬子	癸丑	甲寅
	己酉	庚戌	辛亥	壬子	癸丑	甲寅	乙卯	丙辰	丁巳	戊午	己未	庚申	辛酉	壬戌	癸亥	甲子
	己未	庚申	辛酉	壬戌	癸亥	甲子	乙丑	丙寅	丁卯	戊辰	己巳	庚午	辛未	壬申	癸酉	甲戌
	己巳	庚午	辛未	壬申	癸酉	甲戌	乙亥	丙子	丁丑	戊寅	己卯	庚辰	辛巳	壬午	癸未	甲申

경(庚)일 초하루

일	1	2	3	4	5	6	7	8	9	10	11	12	13	14	15	16
간지	庚午	辛未	壬申	癸酉	甲戌	乙亥	丙子	丁丑	戊寅	己卯	庚辰	辛巳	壬午	癸未	甲申	庚辰
	庚辰	辛巳	壬午	癸未	甲申	乙酉	丙戌	丁亥	戊子	己丑	庚寅	辛卯	壬辰	癸巳	甲午	庚寅
	庚寅	辛卯	壬辰	癸巳	甲午	乙未	丙申	丁酉	戊戌	己亥	庚子	辛丑	壬寅	癸卯	甲辰	庚子
	庚子	辛丑	壬寅	癸卯	甲辰	乙巳	丙午	丁未	戊申	己酉	庚戌	辛亥	壬子	癸丑	甲寅	庚戌
	庚戌	辛亥	壬子	癸丑	甲寅	乙卯	丙辰	丁巳	戊午	己未	庚申	辛酉	壬戌	癸亥	甲子	庚申
	庚申	辛酉	壬戌	癸亥	甲子	乙丑	丙寅	丁卯	戊辰	己巳	庚午	辛未	壬申	癸酉	甲戌	庚午

일	16	17	18	19	20	21	22	23	24	25	26	27	28	29	30	31
간지	庚辰	辛巳	壬午	癸未	甲申	乙酉	丙戌	丁亥	戊子	己丑	庚寅	辛卯	壬辰	癸巳	甲午	乙未
	庚寅	辛卯	壬辰	癸巳	甲午	乙未	丙申	丁酉	戊戌	己亥	庚子	辛丑	壬寅	癸卯	甲辰	乙巳
	庚子	辛丑	壬寅	癸卯	甲辰	乙巳	丙午	丁未	戊申	己酉	庚戌	辛亥	壬子	癸丑	甲寅	乙卯
	庚戌	辛亥	壬子	癸丑	甲寅	乙卯	丙辰	丁巳	戊午	己未	庚申	辛酉	壬戌	癸亥	甲子	乙丑
	庚申	辛酉	壬戌	癸亥	甲子	乙丑	丙寅	丁卯	戊辰	己巳	庚午	辛未	壬申	癸酉	甲戌	乙亥
	庚午	辛未	壬申	癸酉	甲戌	乙亥	丙子	丁丑	戊寅	己卯	庚辰	辛巳	壬午	癸未	甲申	乙酉

신(辛)일 초하루

일	1	2	3	4	5	6	7	8	9	10	11	12	13	14	15	16
간지	辛未	壬申	癸酉	甲戌	乙亥	丙子	丁丑	戊寅	己卯	庚辰	辛巳	壬午	癸未	甲申	乙酉	辛巳
	辛巳	壬午	癸未	甲申	乙酉	丙戌	丁亥	戊子	己丑	庚寅	辛卯	壬辰	癸巳	甲午	乙未	辛卯
	辛卯	壬辰	癸巳	甲午	乙未	丙申	丁酉	戊戌	己亥	庚子	辛丑	壬寅	癸卯	甲辰	乙巳	辛丑
	辛丑	壬寅	癸卯	甲辰	乙巳	丙午	丁未	戊申	己酉	庚戌	辛亥	壬子	癸丑	甲寅	乙卯	辛亥
	辛亥	壬子	癸丑	甲寅	乙卯	丙辰	丁巳	戊午	己未	庚申	辛酉	壬戌	癸亥	甲子	乙丑	辛酉
	辛酉	壬戌	癸亥	甲子	乙丑	丙寅	丁卯	戊辰	己巳	庚午	辛未	壬申	癸酉	甲戌	乙亥	辛未

일	16	17	18	19	20	21	22	23	24	25	26	27	28	29	30	31
간지	辛巳	壬午	癸未	甲申	乙酉	丙戌	丁亥	戊子	己丑	庚寅	辛卯	壬辰	癸巳	甲午	乙未	丙申
	辛卯	壬辰	癸巳	甲午	乙未	丙申	丁酉	戊戌	己亥	庚子	辛丑	壬寅	癸卯	甲辰	乙巳	丙午
	辛丑	壬寅	癸卯	甲辰	乙巳	丙午	丁未	戊申	己酉	庚戌	辛亥	壬子	癸丑	甲寅	乙卯	丙辰
	辛亥	壬子	癸丑	甲寅	乙卯	丙辰	丁巳	戊午	己未	庚申	辛酉	壬戌	癸亥	甲子	乙丑	丙寅
	辛酉	壬戌	癸亥	甲子	乙丑	丙寅	丁卯	戊辰	己巳	庚午	辛未	壬申	癸酉	甲戌	乙亥	丙子
	辛未	壬申	癸酉	甲戌	乙亥	丙子	丁丑	戊寅	己卯	庚辰	辛巳	壬午	癸未	甲申	乙酉	丙戌

임(壬)일 초하루

일	1	2	3	4	5	6	7	8	9	10	11	12	13	14	15	16
간지	壬申	癸酉	甲戌	乙亥	丙子	丁丑	戊寅	己卯	庚辰	辛巳	壬午	癸未	甲申	乙酉	丙戌	壬午
	壬午	癸未	甲申	乙酉	丙戌	丁亥	戊子	己丑	庚寅	辛卯	壬辰	癸巳	甲午	乙未	丙申	壬辰
	壬辰	癸巳	甲午	乙未	丙申	丁酉	戊戌	己亥	庚子	辛丑	壬寅	癸卯	甲辰	乙巳	丙午	壬寅
	壬寅	癸卯	甲辰	乙巳	丙午	丁未	戊申	己酉	庚戌	辛亥	壬子	癸丑	甲寅	乙卯	丙辰	壬子
	壬子	癸丑	甲寅	乙卯	丙辰	丁巳	戊午	己未	庚申	辛酉	壬戌	癸亥	甲子	乙丑	丙寅	壬戌
	壬戌	癸亥	甲子	乙丑	丙寅	丁卯	戊辰	己巳	庚午	辛未	壬申	癸酉	甲戌	乙亥	丙子	壬申

일	16	17	18	19	20	21	22	23	24	25	26	27	28	29	30	31
간지	壬午	癸未	甲申	乙酉	丙戌	丁亥	戊子	己丑	庚寅	辛卯	壬辰	癸巳	甲午	乙未	丙申	丁酉
	壬辰	癸巳	甲午	乙未	丙申	丁酉	戊戌	己亥	庚子	辛丑	壬寅	癸卯	甲辰	乙巳	丙午	丁未
	壬寅	癸卯	甲辰	乙巳	丙午	丁未	戊申	己酉	庚戌	辛亥	壬子	癸丑	甲寅	乙卯	丙辰	丁巳
	壬子	癸丑	甲寅	乙卯	丙辰	丁巳	戊午	己未	庚申	辛酉	壬戌	癸亥	甲子	乙丑	丙寅	丁卯
	壬戌	癸亥	甲子	乙丑	丙寅	丁卯	戊辰	己巳	庚午	辛未	壬申	癸酉	甲戌	乙亥	丙子	丁丑
	壬申	癸酉	甲戌	乙亥	丙子	丁丑	戊寅	己卯	庚辰	辛巳	壬午	癸未	甲申	乙酉	丙戌	丁亥

계(癸)일 초하루

일	1	2	3	4	5	6	7	8	9	10	11	12	13	14	15	16
간지	癸酉	甲戌	乙亥	丙子	丁丑	戊寅	己卯	庚辰	辛巳	壬午	癸未	甲申	乙酉	丙戌	丁亥	癸未
	癸未	甲申	乙酉	丙戌	丁亥	戊子	己丑	庚寅	辛卯	壬辰	癸巳	甲午	乙未	丙申	丁酉	癸巳
	癸巳	甲午	乙未	丙申	丁酉	戊戌	己亥	庚子	辛丑	壬寅	癸卯	甲辰	乙巳	丙午	丁未	癸卯
	癸卯	甲辰	乙巳	丙午	丁未	戊申	己酉	庚戌	辛亥	壬子	癸丑	甲寅	乙卯	丙辰	丁巳	癸丑
	癸丑	甲寅	乙卯	丙辰	丁巳	戊午	己未	庚申	辛酉	壬戌	癸亥	甲子	乙丑	丙寅	丁卯	癸亥
	癸亥	甲子	乙丑	丙寅	丁卯	戊辰	己巳	庚午	辛未	壬申	癸酉	甲戌	乙亥	丙子	丁丑	癸酉

일	16	17	18	19	20	21	22	23	24	25	26	27	28	29	30	31
간지	癸未	甲申	乙酉	丙戌	丁亥	戊子	己丑	庚寅	辛卯	壬辰	癸巳	甲午	乙未	丙申	丁酉	戊戌
	癸巳	甲午	乙未	丙申	丁酉	戊戌	己亥	庚子	辛丑	壬寅	癸卯	甲辰	乙巳	丙午	丁未	戊申
	癸卯	甲辰	乙巳	丙午	丁未	戊申	己酉	庚戌	辛亥	壬子	癸丑	甲寅	乙卯	丙辰	丁巳	戊午
	癸丑	甲寅	乙卯	丙辰	丁巳	戊午	己未	庚申	辛酉	壬戌	癸亥	甲子	乙丑	丙寅	丁卯	戊辰
	癸亥	甲子	乙丑	丙寅	丁卯	戊辰	己巳	庚午	辛未	壬申	癸酉	甲戌	乙亥	丙子	丁丑	戊寅
	癸酉	甲戌	乙亥	丙子	丁丑	戊寅	己卯	庚辰	辛巳	壬午	癸未	甲申	乙酉	丙戌	丁亥	戊子

안영숙(安英淑)

연세대학교에서 관측천문학으로 석사 학위를 받은 후, 충북대학교에서
『칠정산외편의 일식과 월식 계산방법 고찰』로 박사 학위를 받았다.
연세대학교 졸업 후 국립천문대에 입사, 기관명이 한국천문연구원으로
바뀐 지금까지 계속 근무하고 있다. 한국천문연구원에서 20여 년간
『역서(曆書)』를 편찬 발간하고 있다.
주요 저서로는 우리나라 표준연력표라고 할 수 있는 『삼국시대 연력표』,
『고려시대 연력표』, 『조선시대 연력표』가 있고, 천체역학적인 계산을 통해
시대별로 일식을 계산하고 도식화(圖式化)하여 『삼국시대 일식도』, 『고려시대
일식도』, 『조선시대 일식도』를 공동 편찬 발간하였다.

민병희(閔丙熙)

경희대학교에서 우주과학으로 학사를, 연세대학교에서 천문우주학으로
석사 학위를 받았고, 충북대학교에서 천문우주학으로 박사 학위를
수료하였다. 2007년 한국천문연구원에 입사하여 지금까지 근무하고 있다.
한국천문연구원에서 2008년부터 『역서(曆書)』를 공동 편찬 발간하고 있다.
주요 연구 논저로는 「한국에서 최적의 일광절약시간제 시행기간에 대한
연구」, 「조선시대 관상감과 관천대의 변천에 대한 연구」, 『천문을 담은
그릇』 등이 있다.

김상혁(金相赫)

충북대학교에서 고천문학으로 석사 학위를 받은 후, 중앙대학교 과학문화학과에서
『송이영 혼천시계의 작동 메커니즘에 대한 연구』로 박사 학위를 받았다.
국립문화재연구소와 충북대학교에서 Post-Doctor 연구원을 지냈고,
문화재청 일반동산문화재 과학기술분야 감정위원을 역임했다. 현재
한국천문연구원에서 천문의기 복원연구를 진행하고 있다.
주요 연구 논저로는 「조선시대 간의대의 배치와 척도에 대한 추정」,
「흠경각루의 내부구조에 대한 연구」, 『국보 제230호 송이영의 혼천시계』,
『천문을 담은 그릇』 등이 있다.

삼국시대
천문현상 기록집
三國時代　天文現象　記錄集

초판인쇄　2014년 7월 30일
초판발행　2014년 7월 30일

지은이　안영숙 · 민병희 · 김상혁
펴낸이　채종준
펴낸곳　한국학술정보(주)
주소　경기도 파주시 회동길 230 (문발동 513-5)
전화　031) 908-3181(대표)
팩스　031) 908-3189
홈페이지　http://ebook.kstudy.com
전자우편　출판사업부　publish@kstudy.com
등록　제일산-115호(2000. 6. 19)

ISBN　978-89-268-6451-7 93910